PROFESORUL DESĂVÂRȘIT

Redactare: Maria-Magdalena Trandafir
Corectură: Dragoș Dumitrescu
Tehnoredactare și DTP copertă: Mihail Vlad
Pregătire de tipar: Marius Badea

Editura Paralela 45

Descrierea CIP a Bibliotecii Naționale a României
STEELE, DANNY
Profesorul desăvârșit : cum să înțelegi cele trei dimensiuni care definesc profesoratul eficient / Danny Steele ; trad. din lb. engleză de Renata Tatomir. – Pitești : Paralela 45, 2023
Conține bibliografie
ISBN 978-973-47-3996-7
I. Tatomir, Renata (trad.)
37
159.9

The Total Teacher: Understanding the Three Dimensions that Define Effective Educators
Danny Steele

Danny Steele

PROFESORUL DESĂVÂRȘIT

Cum să înțelegi **cele trei dimensiuni** care definesc profesoratul eficient

Traducere din limba engleză de
Renata Tatomir

Editura Paralela 45

Această carte le este dedicată tuturor profesorilor desăvârșiți
cu care am lucrat de-a lungul carierei mele – și sunt mulți!
Vă mulțumesc pentru devotamentul vostru
față de profesie, față de elevi și față de colegi.
Ați fost sursa mea de inspirație.

CUPRINS

Faceți cunoștință cu autorul 11
Mulțumiri 13
Nota autorului 15
Introducere 17

Partea I. Prima dimensiune: perspectiva științifică

1 **Managementul clasei** 27
Organizarea 28
Rutina 29
Comportamentul elevului 31
Elevul necuviincios 36

2 **Climatul de lucru** 40
Tonul dat de profesor 42
Vulnerabilitatea cadrului didactic 44
Conștientizarea percepției pe care o au elevii 46

3 **Procesul de instruire** 54
Planificarea lecției 55
Considerații privitoare la programa școlară 56
Considerații privitoare la metoda de predare 58
Considerații privitoare la tipurile de evaluare 59

Activitatea de predare 60
Implicarea 60
Instruirea diferențiată 64
Cei patru „C" 65
Munca neproductivă 66
Tehnologia 67
Echitatea 68
Evaluarea rezultatelor 70

4 **Angajamentul profesional** .76
Asumarea 80
Reflecția 81
Disponibilitatea la eșec 83
Colaborarea 84
Participarea la seminare și conferințe 84
Implicarea în comunitățile de învățare profesională . . .85
Observarea colegilor 86
Valorificarea rețelelor sociale 87

Partea a II-a. A doua dimensiune: perspectiva relațională

5 **Menirea cadrului didactic** 101
Plăcuța motivațională 105
Peretele cu visuri 106
Chipuri în loc de numere 107
Povestea lui Brayden 109

6 **Cunoașterea elevilor** 116
„Cam 10-15" 117

Fata cu părul roșu 118
Lumi în conflict 120
O viață grea. 121
În cine ai încredere? 123
Amintiri din clasa a III-a 124
Dincolo de aparențe. 125

7 **Construirea relațiilor** 131
Începeți de la ușă 132
Fiți frânghia de salvare a elevilor 133
Lefty 134
Prețuiți și reușitele mărunte 136
Găsiți un hobby comun 137
Pătrundeți în lumea lor 138
Cum să faceți față provocărilor 139
Începeți prin a arăta că vă pasă 141

Partea a III-a. A treia dimensiune: perspectiva culturală
8 **Transformarea școlii** 151
Urmați-vă misiunea 153
Insuflați entuziasm. 154
Asumați-vă responsabilitatea în privința rezultatelor 156
Asumați-vă riscuri 156
Fiți binevoitori cu colegii 157
Plecați de la premisa de nevinovăție. 158
Fiți solidari 159
Concentrați-vă asupra soluțiilor 159
Faceți uz de spațiul public cu înțelepciune 161

Învățați de la alți profesori. 162
Fiți optimiști 162

Concluzii 168
Epilog. A patra dimensiune: grija profesorului față de sine 171
Referințe bibliografice 174

Faceți cunoștință cu autorul

Dr. Danny Steele este director al unei școli din Birmingham, Alabama, și a fost implicat aproape 30 de ani în sistemul public de educație.

Pe lângă activitatea de conducere, desfășurată atât la nivel de gimnaziu, cât și de liceu, el a lucrat ca profesor, consultant, director adjunct și cadru didactic universitar.

În 2005, a fost distins cu titlul „Directorul Adjunct al Anului“, iar în 2016 a fost numit „Directorul Anului“ – ambele pentru categoria „Școli Gimnaziale“, în statul Alabama.

De-a lungul anilor, a susținut discursuri la numeroase conferințe statale și naționale. În prezent, deține un blog de leadership educațional cu peste 5 milioane de vizualizări.

Danny Steele a obținut o diplomă în istorie la Covenant College din Lookout Mountain, Georgia. De asemenea, a absolvit un curs postuniversitar de specializare în management educațional la Samford University, Birmingham, Alabama. Ulterior a obținut masteratul în istorie la University of Alabama. A finalizat apoi un doctorat în leadership educațional, tot la Samford University.

Locuiește în Birmingham împreună cu soția sa, Holley, și cu cei trei copii ai lor – DJ, Will și Elizabeth.

Mulțumiri

Poetul John Donne scria că „niciun om nu e o insulă". Acest citat celebru este o mărturie a conexiunilor pe care le avem unii cu alții. Noi nu trăim într-un vid; nu lucrăm într-un vid; iar autorii nu scriu cărți într-un vid. Tot ce facem se desfășoară într-un context, iar dacă nu ne dăm seama de asta, înseamnă că nu ne-am implicat destul. Admir fundașul care, după ce aduce mingea în jumătatea adversă, i-o pasează atacantului, ca s-o trimită în poartă. Apreciez sportivul ce recunoaște astfel că n-a reușit de unul singur. Succesul fiecăruia dintre noi li se datorează și celor care l-au ajutat pe parcurs. De-a lungul experienței mele de educator și de autor, au fost mulți cei care m-au ajutat, însă aici îi pot aminti doar pe câțiva dintre ei.

Mulțumesc editoarei mele, Lauren Davis, precum și echipei de la Routledge. Toți m-au susținut enorm, dar ochiul ei atent la detalii a făcut ca această carte să devină și mai convingătoare. Îi sunt recunoscător că a crezut în mesajul meu.

Apreciez cooperarea, susținerea și nesfârșita înțelepciune de care m-am bucurat din partea lui Todd Whitaker. Conversațiile cu el m-au ajutat să-mi clarific opiniile cu privire la structura acestei cărți.

Până acum am lucrat cu mulți pedagogi extraordinari, dar aș dori să-mi exprim recunoștința în mod special față de doi dintre ei. Am avut privilegiul să lucrez alături de Neely Woodley și Cas McWaters. De-a lungul anilor, am petrecut nenumărate ore discutând cu amândoi despre arta predării. Sunt pedagogi desăvârșiți, iar azi întruchipează un model de lider în educație. Apreciez colaborarea cu ei și sunt mândru de prietenia lor.

Fratele meu, David, a crezut întotdeauna în talentul meu de pedagog, manager și autor. Nu găsesc cuvinte potrivite să exprim cât de recunoscător îi sunt pentru necontenita lui încurajare.

Iar pentru soția mea, Holley... Îți mulțumesc că mă susții să-mi urmez această pasiune. Îți mulțumesc că îmi împărtășești entuziasmul, când vin acasă de la serviciu și vorbesc despre cât mă inspiră profesorii cu care lucrez. Îți mulțumesc că ai citit toate versiunile acestui manuscris și mi-ai oferit un feedback atent de fiecare dată. Îți mulțumesc că mi-ai fost cel mai entuziast suporter. Îți mulțumesc că ești întotdeauna lângă mine. Și îți mulțumesc că mă însoțești în această aventură.

Nota autorului

Câteva fragmente din această carte au fost extrase din unele texte publicate anterior (inclusiv pe blog, în *Essential Truths for Teachers*, precum și în *Education Write Now: Volume III*).

Introducere

Dacă ai absolvit facultatea de medicină, oamenii ți se vor adresa cu „domnule doctor“. Când termini rezidențiatul, poți începe să practici medicina. Ești medic. Dar asta nu înseamnă neapărat și că vei fi unul bun. Când avem nevoie să primim ajutor medical, în mod sigur ne așteptăm din partea celui care ne tratează la ceva mai mult decât ca diploma de pe perete să nu fie falsă. Și, de obicei, ne dorim de la el mai mult decât „competența“ standard. Când mergem la medic – și, evident, atunci când ducem o persoană dragă la spital – nu căutăm doar o îngrijire potrivită, ci una specială. Nu vrem ca medicul care ne tratează să fie mediocru, vrem să fie desăvârșit. Deși nu sunt o autoritate în domeniul asistenței medicale, permiteți-mi să sugerez că există trei aspecte definitorii ale medicilor desăvârșiți.

Mai întâi, ei înțeleg latura științifică a profesiei. În timpul studiilor universitare, se concentrează pe asimilarea materiei. Înțeleg nu doar cum e alcătuit corpul uman, ci și cum funcționează. Sunt capabili să recunoască simptomele, dar și să le asocieze unor afecțiuni. Sunt familiarizați cu cea mai bună modalitate de a trata fiecare boală și știu ce medicație să prescrie în funcție de context. Citesc publicațiile medicale periodice și participă la conferințe de profil, pentru a se pune la curent cu cele mai recente cercetări și cu cele mai eficiente tehnici terapeutice. Pe scurt, un medic desăvârșit își cunoaște profesia.

În al doilea rând, acești doctori eficienți pun preț pe componenta umană a practicii medicale. Un anumit pasaj din versiunea actuală a Jurământului lui Hipocrate spune așa: „Voi fi conștient că medicina înseamnă atât artă, cât și știință, iar căldura, simpatia și înțelegerea pot cântări mai greu decât bisturiul chirurgului sau medicamentul farmacistului." La asta ne referim când spunem „maniera de a trata pacienții". Asta reprezintă o calitate pe care fiecare pacient o apreciază la medicul său. Un alt pasaj din acest jurământ spune: „Voi fi conștient că nu tratez o stare febrilă sau o excrescență canceroasă, ci o ființă umană bolnavă, a cărei maladie îi afectează familia și stabilitatea economică. În responsabilitatea mea intră și aceste probleme conexe, dacă vreau să am grijă în mod corespunzător de pacient." Când mergem la doctor, vrem ca acesta să ne asculte și să-i pese cu adevărat. Vrem să manifeste compasiune. Asemenea calități ne fac nouă vindecarea mai ușoară, iar medicii buni consideră că – atunci când alocă timp să-l asculte și să-l înțeleagă pe pacient – reușesc în general să acorde un tratament mai eficient.

Și, în sfârșit, medicina nu este practicată într-un vid; există un context cultural care, în ultimă instanță, influențează calitatea îngrijirii. Medicii desăvârșiți admit că nu le știu pe toate. Iată ce spune un alt pasaj din Jurământul lui Hipocrate: „Nu-mi va fi rușine să spun «Nu știu» și nici nu voi ezita să apelez la colegii mei atunci când, pentru recuperarea pacientului, sunt necesare competențele altcuiva." De multe ori, când interpretează o imagine radiologică, doctorii solicită o a doua opinie. Sau discută cu un coleg despre cea mai eficace abordare a unei operații deosebit de complicate. Și, cu siguranță, este firesc ca medicii dintr-o echipă interdisciplinară să se sprijine unul pe celălalt, pentru a stabili cea mai bună cale de tratament pentru un bolnav de cancer. Însă aici este vorba despre ceva mai mult decât simpla disponibilitate de a colabora. Cultura organizațională a unui spital influențează calitatea îngrijirii medicale de care se bucură pacienții săi. Determină atitudinea și practicile infirmierelor, ale tehnicienilor și ale asistentelor. Oricine a intrat într-un spital ori a însoțit acolo o persoană dragă va fi de acord cu afirmația asta, căci astfel de nuanțe se simt.

Să sperăm că, la nivelul facultăților de medicină și al comisiilor de acordare a autorizației de liberă practică, metodele de verificare a cunoștințelor garantează un nivel minim al competențelor profesionale, așa încât toți să avem încredere atunci când facem un consult clinic sau ne internăm într-un spital. Dar este posibil ca un doctor să practice medicina și să nu exceleze în toate cele trei aspecte discutate mai sus? Bineînțeles. Poate el să diagnosticheze corect afecțiunea de care suferim, să prescrie medicația adecvată și, cu toate astea, să fie nepoliticos? Este posibil. Se poate întâmpla să fie sigur de diagnosticul pe care l-a pus, fără a-l verifica și cu colegii? Posibil. Își poate face meseria fără a avea o atitudine pozitivă? Presupun că da. Însă care tip de doctor credeți că va fi mai eficient și pe care l-ați prefera? Cred că răspunsul este evident.

Așa cum o diplomă de medic nu-l face pe acesta eficient, nici o diplomă de profesor nu-l face pe acesta eficient. În cartea de față vreau să demonstrez că, asemenea celor mai buni medici, și cei mai buni profesori – aceia bine instruiți – au dobândit măiestrie pe trei dimensiuni. Exact după cum există „artă" în practica medicinei, tot așa există artă și în practica predării.

La fel cum medicul desăvârșit e bine instruit în aspectele științifice ale profesiei sale, și profesorul desăvârșit cunoaște bine aspectele științifice ale profesiei sale. Aceasta e prima dimensiune. Capitolul 1 abordează modul în care poate fi gestionată clasa de elevi, precum și importanța abordării constructive a disciplinei. Capitolul 2 descrie modalitățile prin care profesorii pot crea un climat favorabil printre elevi, dar și cum poate fi îmbunătățită instruirea cu ajutorul atmosferei din clasă. Capitolul 3 schițează procesul de instruire plină de semnificație și explorează elementele și principiile de bază ale actului de predare. Capitolul 4 evidențiază rolul important pe care îl are dezvoltarea profesională în cazul celor mai eficienți pedagogi și schițează patru strategii prin care profesorii să ridice calitatea actului educațional.

A doua dimensiune, cea a relaționării, ajunge la esența profesiei noastre, adică la ceea ce ne motivează activitatea – elevii. Așa cum noi ne dorim niște medici care să se comporte frumos cu pacienții, la fel speră elevii noștri și părinții lor ca profesorii să se poarte bine cu copiii în general. Capitolul 5 evidențiază misiunea profesorilor. Capitolul 6 explică în detaliu de ce este important ca profesorii să-și cunoască și să-și înțeleagă elevii. Iar Capitolul 7 le oferă profesorilor exemple de strategii, în procesul de construire a relației cu elevii lor.

A treia dimensiune a profesorilor desăvârșiți implică abilitatea acestora de a-și asuma rolul de membru activ în corpul profesoral, subiect pe care îl explorăm în Capitolul 8. Așa cum medicii au capacitatea de a modela cultura organizațională a unui spital, și profesorii au capacitatea de a influența atitudinile, normele, valorile și practicile colective ale unei școli. Acolo unde vor întâlni o cultură instituțională slabă, pedagogii buni nu-și vor permite să devină victime, ci vor contribui la îmbunătățirea acesteia. Astfel de oameni se dedică transformării școlii lor într-un loc extraordinar, în care copiii să-și dorească să învețe, iar adulții să lucreze.

Volumul de față nu se dorește a fi o prezentare exhaustivă a diferitelor componente ale activității de predare. Evident că există autori care au scris cărți întregi despre asta, așa că eu le-am dedicat câte un singur paragraf. Intenția mea a fost ca această carte să fie, mai degrabă, o prezentare generală a trăsăturilor definitorii pentru un profesor desăvârșit. Am scris-o cu scopul de a sublinia într-o manieră concisă (cu ajutorul caracteristicilor esențiale), practicile fundamentale ale acelor profesori pe care orice director și i-ar dori în școala lui și de la care elevilor le-ar plăcea să învețe. Mă refer aici la calitățile și deprinderile educatorilor eficienți.

Pentru profesorii experimentați: Sper să vă recunoașteți în aceste pagini și sper ca această carte să confirme importanța muncii pe care o depuneți. Trag nădejde că ideile mele vă vor convinge să perseverați.

Pentru profesorii debutanți: Sper ca lucrarea de față să vă lumineze traseul profesional. În cariera voastră o să aflați repede că activitatea de predare presupune un efort mult mai complex decât alcătuirea unui plan de lecție original. Nădăjduiesc ca, atunci când porniți în această extraordinară aventură, cartea mea să vă servească drept călăuză.

Mă simt obligat să vă atrag atenția de pe acum că cele trei dimensiuni nu sunt similare și nici nu au, toate, aceeași importanță. Prin urmare, nu i-am alocat fiecăreia același număr de capitole. Deși eu susțin că toate cele trei dimensiuni sunt esențiale pentru un profesor desăvârșit, ele nu au aceeași pondere în ansamblul activității sale. Iar dacă tot a venit vorba, precizez că perspectiva științifică este aceea care influențează în mod fundamental activitatea cadrelor didactice. Deci, dacă ar fi să insistăm pe structura de ansamblu a celor trei dimensiuni, aș sugera că aceasta e cea mai importantă și merită să-i fie dedicate cele mai multe capitole. Dar, așa cum știe orice pedagog, componenta de instruire nu poate fi cu adevărat separată de componenta relațională. Relațiile sunt esențiale. Prin urmare, am consacrat trei capitole acestei a doua dimensiuni. Școlile bune se întemeiază pe o cultură solidă, iar profesorii au un rol însemnat. Contribuția lor la o cultură școlară puternică nu este neapărat cea mai importantă misiune pe care o au, însă rămâne totuși un aspect vital în discuția despre ce înseamnă un profesor desăvârșit. De aceea, în Capitolul 8 mă concentrez asupra ei. Aceste trei dimensiuni sunt interdependente și, fără îndoială, se suprapun într-o măsură considerabilă. Totuși, am apreciat că merită să le tratez în trei secțiuni distincte.

Menționez aici și că în Epilog am inclus o a patra dimensiune, explicând cât de important este ca profesorii să aibă grijă de ei înșiși. La fel cum în sala de operații nu se dorește prezența medicilor epuizați, plictisiți sau agitați, nici profesia de pedagog nu permite ca profesorii să intre la ore obosiți, apatici sau stresați. De aceea voi încheia cartea cu o scurtă argumentație referitoare la faptul că profesorii trebuie să aibă grijă de ei înșiși.

În cariera mea, am lucrat cu mulți pedagogi extraordinari și sunt încântat că pot include opiniile câtorva dintre ei în acest proiect. Fiecare capitol va prezenta așadar constatările personale ale unor profesori care au depus toate eforturile. Sper că relatările lor vor oferi un plus de credibilitate ideilor din această carte și că vor clarifica modul în care arată această profesie în practica de zi cu zi. Personal, sunt încântat că vă pot face cunoștință cu astfel de oameni. Sunt onorat că mi-au fost colegi deoarece munca lor m-a inspirat și le sunt profund recunoscător pentru contribuția lor.

Partea I

Prima dimensiune: perspectiva științifică

1

Managementul clasei

Îmi amintesc cum un profesor experimentat mi-a destăinuit la un moment dat dezamăgirea sa cu privire la o clasă de-a V-a în care preda. El se simțea de parcă și-ar fi epuizat tolba cu trucuri, iar elevii nici măcar nu începuseră să coopereze. Nu părea să le pese de recompensele ori de pedepsele lui. În cele din urmă, mi-a comentat tăios: „Pur și simplu, nu-i plac.“ Îmi amintesc că am avut și eu asemenea experiențe, chiar și atunci când credeam că sunt un bun manager al clasei de elevi. Dacă sunt sinceri, cei mai mulți profesori vor recunoaște că au existat unele zile, săptămâni sau chiar ani când o anumită clasă i-a doborât pur și simplu. Iar astfel de clase chiar îți pot lăsa un gust amar. Un grup deosebit de dificil de elevi îți poate strica ziua și, în unele cazuri, te poate face să-ți pui la îndoială vocația.

Potrivit opiniei generale, pentru ca instruirea să fie eficientă, ea trebuie precedată de un bun management al clasei de elevi – iar eu bănuiesc că cele mai multe cadre didactice vor confirma adevărul acestei afirmații. Wong, Haertel și Walberg au analizat

50 de ani de cercetări în domeniu și au descoperit că cel mai mare impact în procesul de asimilare a cunoștințelor de către elevi l-a avut managementul clasei. Este esențial să se mențină ordinea în sala de clasă, dar și buna conduită a elevilor. Profesorul care în prima zi se va prezenta la clasă fără un plan va afla, fără îndoială, cât de important este acesta. Așadar, pentru început ne vom concentra pe managementul clasei – care pune accent pe organizare, rutină și disciplină.

Organizarea

Mulți experți au scris în detaliu despre managementul clasei, dar nicio lucrare n-a avut un impact mai mare decât *First Days of School*, de Harry și Rosemary Wong. Dat fiind titlul cărții, nu-i surprinzătoare afirmația lor că „succesul pe parcursul întregului an școlar va fi determinat de ceea ce faci în primele zile de școală“. Autorii vorbesc despre importanța instituirii controlului asupra clasei, prin consecvență și așteptări ridicate. Ei susțin că modul în care arată clasa ta ori felul în care ești îmbrăcat, maniera în care comunici, dar și cât de bine pregătit ești îți influențează nivelul de eficiență. Tot ei avertizează: „Nimic nu-i va agita mai mult pe copii decât bănuiala că profesorul lor este dezorganizat.“ Potrivit soților Wong, o clasă organizată este concentrată asupra sarcinilor educaționale, există așteptări clare de la elevi și nu se pierde timpul. În astfel de clase, profesorii se pregătesc temeinic, dar acordă atenție atât spațiului de învățare, cât și materialelor didactice.

În cartea *The Organized Teacher*, Springer, Alexander și Persiani oferă o listă exhaustivă de materiale didactice pe care profesorii trebuie să se asigure că le au în clasă. Autorii includ și exemple de amenajare eficientă a sălilor, diagrame de comportament, schițe ale punctelor de lucru, plus sisteme de evidență, de arhivare și de gestionare a fișierelor.

La un moment dat, un coleg de-ai mei a pus în clasă un avizier cu temele de grup repartizate pe parcursul a nouă săptămâni. De câte ori era necesar ca elevii să lucreze în grupuri mici, fiecare dintre ei știa nu doar unde să meargă, ci și cine făcea parte din grupul respectiv. În timpul orelor, nu se mai pierdea timp pentru a afla cine în ce grup a fost repartizat. Profesorul era cel care investea timp pentru așa ceva la începutul fiecărui semestru, iar un asemenea nivel de organizare și de pregătire dădea rezultate foarte bune, căci ulterior nu se mai irosea timp cu organizarea diverselor activități practice.

Rutina

În unele clase se pierde foarte mult timp. Profesorii trebuie să ofere încontinuu îndrumări și, în mod inevitabil, le repetă la nesfârșit. În alte clase, după ce intră, elevii încep să lucreze imediat. Ei cunosc rutina. Deseori, nivelurile diferite ale productivității (care variază de la o clasă la alta) pot fi atribuite rutinei și felului în care a fost aceasta integrată. Rutina contează. Aceasta e alcătuită din obiceiuri care au fost dobândite și testate chiar de la începutul anului școlar și poate include practici precum: activități de „spargere a gheții“, proceduri pentru colectarea temelor lucrate acasă și estimări cu privire la necesarul de rechizite.

Cu cât elevii au vârste mai mici, cu atât rutina este mai importantă, ba chiar predomină. Copiii de grădiniță, de pildă, pot avea rutine pentru spălarea mâinilor, șezutul pe podea, încolonarea pentru masa de prânz și mersul pe coridor.

Este important să reținem însă că nu există o rețetă universal valabilă. Rutina care dă rezultate în cazul unui profesor i se poate părea greoaie altuia. Activități care se dovedesc indispensabile în cazul unor educatori le pot părea dificile altora. Spre exemplu, la începutul carierei mele identificasem vreo două tipuri de activități care, în cazul meu, aveau efect. De exemplu, la clasa a IX-a aveam mai multe sarcini de distribuit elevilor, pe care-i roteam la fiecare nouă săptămâni.

Prima a fost aceea de cronometrare. Adeseori, fiind concentrat asupra predării, pierdeam noțiunea timpului. Clopoțelul suna, iar eu nu apucam să închei lecția, ca să nu mai spun că nu mai aveam timp să indic temele pentru acasă. Așa că am numit un elev care să-mi dea în fiecare zi un semnal discret, atunci când mai rămâneau doar câteva minute din oră. Aceste avertizări mi-au fost foarte utile.

A doua sarcină implica responsabilitatea de a ne asigura că toate manualele pentru ora mea fuseseră inventariate și puse înapoi, în mod ordonat, în dulap. Dacă ați lucrat într-o sală de clasă ceva timp, știți că obiectele pot dispărea din încăpere – intenționat sau nu. Așa că abilitatea de a-ți supraveghea cărțile este neprețuită.

Elevii care în timpul orei traversează clasa pentru a arunca ceva la coșul de gunoi pot deranja lecția. Mai mult, e stânjenitor dacă te trezești cu musafiri după-amiaza, moment în care aceștia au ocazia să vadă pe podea toate gunoaiele acumulate încă din cursul dimineții. Am remediat asemenea probleme cu o a treia sarcină. În momentul în care elevul cronometror dădea semnalul că lecția se apropie de final, iar altul inventaria manualele, un al treilea făcea turul clasei cu coșul de gunoi în mână, pentru a strânge ceea ce elevii aveau de aruncat. În prima zi, în timp ce încheiam organizarea acestor sarcini, le-am explicat elevilor mei: „Nu clopoțelul vă permite să plecați, ci eu." I-am asigurat că le voi permite să plece imediat ce se aude clopoțelul numai dacă toate cărțile au fost inventariate, iar pe podea nu a rămas niciun gunoi.

Cu puțină instruire și cu ceva practică, până și elevii de vârste mici pot asimila diverse deprinderi. Elevii mei din clasa a IX-a au prins rapid aceste reguli. După aceea, nu mi-am mai făcut griji nici că m-ar putea surprinde clopoțelul, nici în legătură cu dispariția cărților; iar sala mea de clasă rămânea curată până la sfârșitul zilei.

Comportamentul elevului

Ani la rând, la interviul pentru angajare, le-am adresat viitorilor profesori următoarea întrebare: „Care este secretul unui bun management al clasei?" De cele mai multe ori am primit un răspuns asemănător acestuia: „Să ai câteva reguli clare afișate în sala de clasă; la începutul anului școlar să le transmiți elevilor care vor fi consecințele diferitelor abateri disciplinare; iar apoi să fii consecvent în aplicarea acestor reguli." Nu-i un răspuns rău, deși este predictibil. Pentru o persoană de 22 de ani aflată la interviu, replica asta sună ca un text învățat pe de rost nu cu mult timp înaintea unui examen, la facultate. Totuși, situația e mult mai complicată decât pare.

În calitate de administrator al unei instituții de învățământ, am remarcat că elevii se comportă frumos la unele ore, dar nu și la altele. La anumite materii, copiii pot fi elevi-model, iar la altele pot avea un comportament perturbator și necuviincios. Aceasta înseamnă că profesorii au capacitatea de a influența comportamentul elevilor. Cel mai adesea, profesorii reprezintă variabila.

Bineînțeles, îmi dau seama de faptul că, la anumite discipline, chimia dintre profesor și elevi contează, ba uneori chiar și momentul zilei poate influența nivelul de hiperactivitate al anumitor elevi. În ciuda acestor factori, profesorii pot influența enorm comportamentul școlar – doar prin felul în care interacționează cu elevii.

Se pare că primul pas esențial către un management eficient al clasei este, de fapt, acela de a-ți îndrăgi elevii. Copiii sunt mult mai receptivi la orele profesorilor care îi plac cu adevărat, iar adesea această reacție se traduce printr-un comportament mai bun. Dar managementul optim al clasei de elevi nu se referă la controlarea comportamentului acestora, ci la câștigarea copiilor de partea ta – prin construirea de relații personale. Noi câștigăm respectul elevilor prin felul în care îi tratăm.

Așadar, managementul clasei nu înseamnă să ai regulile potrivite, ci să ai relațiile adecvate. Instituirea disciplinei în rândul elevilor este mult mai simplă atunci când ai relații bune cu aceștia. Prin urmare, contează foarte mult să ajungi să-ți cunoști elevii. Totodată trebuie să înțelegem faptul că reacțiile nepotrivite reprezintă, de obicei, rezultatul unor nevoi neîmplinite.

Psihologul și profesorul Haim Ginott observa următoarele: „Adesea, copiii se comportă urât atunci când au dificultăți cu o sarcină [...] Cel mai bun leac al unui profesor pentru comportamentul problematic al elevului este disponibilitatea de a-l ajuta." Prin pedepsirea copilului, te canalizezi doar pe comportamentul său, nu și pe îndeplinirea nevoii sale neîmplinite.

Uneori, elevii au nevoie să li se amintească faptul că există consecințe în urma unui comportament inadecvat, însă de regulă urmările nu schimbă comportamentul și foarte rar vor schimba un elev. Dacă nu ajungem la rădăcina comportamentului problematic, este puțin probabil ca pedeapsa să rezolve problema.

Todd Whitaker scria următoarele: „Profesorii eficienți urmăresc să prevină comportamentul inadecvat, în timp ce pedagogii ineficienți se concentrează pe a-i pedepsi pe elevii care se abat disciplinar." În loc să ne axăm pe controlarea copiilor prezenți în clasă, cel mai bine ar fi să încercăm să-i înțelegem.

De asemenea, este important de remarcat faptul că tragerea la răspundere a elevilor și demonstrarea compasiunii nu sunt noțiuni care să se excludă reciproc. Este posibil să oferi bunăvoință, în timp ce menții disciplina. Este posibil să respecți demnitatea elevului, în timp ce aplici consecințele.

Ceva mai încolo, am dedicat un capitol întreg din carte importanței cunoașterii elevilor de către profesor. Dar în acest punct al discuției noastre despre gestionarea comportamentului școlar, când vine vorba să-i înțelegem pe elevi, este esențial să luăm în calcul un aspect anume.

Renumitul psiholog Abraham Maslow a conturat o teorie inovatoare a motivației umane, într-un model pe care l-a descris drept „ierarhia nevoilor". Mai mult ca sigur că în timpul studenției v-ați lovit de această teorie care, de-a lungul deceniilor, s-a bucurat de o mare atenție în cadrul seminarelor și al conferințelor, precum și în articole și cărți. Bănuiesc că mulți profesori cunosc această teorie și că, la nivel intuitiv, îi înțeleg sensul.

Maslow susține că toți suntem motivați să ne împlinim anumite nevoi și că nu ne putem concentra asupra necesităților superioare până când nu ni le satisfacem mai întâi pe cele primare. În clasă, elevii nu se pot concentra asupra lecției, dacă le este foame. Aceia care nu se simt în siguranță acasă (adică locul în care trebuie să se întoarcă după ore) probabil că nu vor studia la fel de sârguincios precum colegii lor de clasă care se simt mult mai protejați.

Majoritatea profesorilor cunosc acest mecanism, iar mulți îl consideră de bun-simț. Însă, din experiența mea, aici se oprește adesea aplicarea ierarhiei lui Maslow în context educațional. Totuși, pe când eram un tânăr director adjunct și îmi petreceam o mare parte din zi gestionând sesizări disciplinare, mi-am dat seama că un anumit aspect al acestei teorii are importante implicații în managementul clasei.

Imaginați-vă următorul scenariu. Profesorul se adresează clasei: „Acum dați la pagina 276 și începeți să răspundeți la întrebări." Zece secunde mai târziu, un elev pe nume John se întoarce și începe să vorbească cu colegul din spatele lui. Profesorul observă și îi spune pe un ton ferm: „John, am spus să lucrați. Fă liniște!" John îi răspunde cu vocea puțin iritată: „Doar îi ceream un creion." Profesorul replică: „Nu mă interesează ce îi cereai. Nu ar trebui să vorbești." John nu renunță: „Dar lui Michael nu i-ați zis nimic! Și el a vorbit adineauri!" Cinci minute mai târziu, John se află în biroul directorului cu o sesizare disciplinară în care scrie „comportament perturbator și necuviincios"!

Așadar, ce s-a întâmplat în realitate? Ar fi trebuit ca John să vină în clasă cu propriul creion? Bineînțeles. Ar fi trebuit el să răspundă „Da, domnule!" atunci când a fost mustrat de profesor? Firește. Și totuși, mă tem că scenarii ca acesta sunt mult prea frecvente în școli. Ca regulă generală, elevii trebuie să știe că există consecințe în cazul unui comportament nepotrivit.

Dar mai există o regulă general valabilă: aceea că elevii învață mai multe stând în clasă, decât în biroul directorului. Prin urmare, ar fi ideal să ne putem da seama cum pot fi evitate asemenea scenarii. Prin urmare, ce-ar fi zis dr. Maslow că s-a întâmplat în acest caz? Și cum se putea evita un asemenea deznodământ?

De cele mai multe ori, elevii pun preț mai mult pe ceea ce cred colegii lor de clasă, decât pe ceea ce cred profesorii. Nevoia de a menține relații pozitive cu colegii se află chiar în centrul piramidei lui Maslow. Prin urmare, lecția aici ar fi: nu-i pune pe elevi într-o situație în care să simtă nevoia să-și „salveze imaginea"!

Având în vedere toate acestea, Whitaker a remarcat următoarele: „Niciodată nu câștigăm o dispută cu un elev. Imediat ce conflictul s-a declanșat, noi am și pierdut. Dacă este privit de colegii lui, elevul nu-și poate permite să renunțe. Pentru noi, câștigarea disputei este o simplă dorință; însă el are nevoie s-o câștige."

Elevul necuviincios

Să revenim la piramida lui Maslow și la momentul în care John a devenit necuviincios cu profesorul său, imediat după ce-a simțit că a fost umilit. Acum, gândiți-vă câți profesori ar fi tentați să reacționeze ferm la lipsa de respect a lui John. „Să nu-mi vorbești pe tonul acesta, tinere! Aici eu sunt profesorul, iar tu tocmai ai câștigat un bilet care te va duce în biroul directorului!"

Din perioada în care am fost director adjunct, îmi amintesc clipa în care am realizat că teoria lui Maslow nu li se aplică doar copiilor, ci și adulților. Când un elev este necuviincios, un profesor nesigur pe sine se poate simți amenințat. Gândind că îi este subminată autoritatea în fața clasei, s-ar putea simți tentat să „pună la punct elevul". Îmi vine în minte un slogan dintr-o reclamă la un deodorant, de pe vremea când eram copil: „Să nu-i lași niciodată să vadă că transpiri!" Aceasta e o mantră formidabilă pentru profesori. Să nu-i lași pe copii să te enerveze. Marzano denumește trăsătura aceasta „obiectivitate emoțională". El susține că „un manager eficient al clasei implementează și aplică reguli, proceduri, dar și măsuri disciplinare, și cultivă relații pozitive cu elevii, fără a se supăra dacă aceștia încalcă regulile și procedurile clasei".

Profesorii eficienți se situează în vârful piramidei lor. Aceia care stăpânesc bine managementul clasei nu sunt nevoiți să le reamintească elevilor cine este „adultul", pentru că toți copiii și-au dat seama de asta din prima zi.

Când un elev este necuviincios, vorbiți cu el în particular. Adresarea în șoaptă către elevul care întrece măsura nu reprezintă doar o strategie utilă, ci și unul dintre cele mai pragmatice sfaturi de management pe care i-l pot da unui cadru didactic. Atunci când îi spui elevului cu voce șoptită ce vrei să facă, mai mult ca sigur că vei obține un răspuns pozitiv. Și asta, pentru că nu l-ai pus într-o situație stânjenitoare. Șoptitul ține la distanță publicul elevului și elimină nevoia acestuia de „a-și salva obrazul".

Încă ceva: nu luați la modul personal lipsa de respect, pentru că aproape niciodată nu este aceasta problema reală. Mai degrabă este un simptom a ceva mai profund. Pentru adulții care lucrează într-o școală, ar fi ușor să treacă cu vederea... dar nu pot să facă asta.

Prin urmare, iată un exercițiu: gândiți-vă la elevul vostru cel mai dificil. Apoi reflectați la cum ați putea interacționa în mod diferit cu el. Amintiți-vă că unul dintre primii pași în relaționarea cu un elev dificil este să-l *îndrăgiți*, nu să-l *tolerați*. Este uimitor cum atitudinea unui adult poate influența atitudinea unui elev. Nu spun că profesorul este vinovat de comportamentul problematic al elevului, dar abordarea adultului reprezintă adesea un factor important.

Dacă doriți să aveți succes în relația cu un elev dificil, trebuie să separați atitudinea voastră de persoana elevului. Nu înseamnă că vă coborâți standardele, ci că sunteți conștienți că întotdeauna există ceva care declanșează acel comportament. Înțelegerea conduce la empatie, iar empatia face posibile relațiile pozitive între profesor și elev. În esență, copiii nu vor să fie răi, ci vor să le fie împlinite nevoile. Bine-ar fi să ne putem concentra asupra înțelegerii elevilor și asupra împlinirii nevoilor acestora, în loc să reacționăm la „comportamentul lor agresiv".

Pe la începutul carierei mele didactice, am fost întrebată de mai multe ori cum am reușit să-mi „gestionez" clasele. După douăzeci de ani de activitate pedagogică, am ajuns la concluzia că, în mare parte, felul în care am procedat în legătură cu managementul clasei n-a fost nici așa cum gândisem eu inițial, nici cum fusesem instruită. V-aș putea spune „ca la carte“ toate lucrurile pe care ar trebui să le aveți pregătite. De pildă, să creați reguli și proceduri (pentru orice), să evaluați la timp testele și să oferiți răspunsuri în timp util, să structurați echipe mici, să-i așezați strategic pe rânduri etc. Deși toate aceste demersuri sunt extraordinare și necesare, eu consider că nu reprezintă cel mai bun instrument pe care l-am folosit în managementul clasei. Pur și simplu, am ales să-mi pese de ei. M-am îngrijit de starea de bine a elevilor mei, mai mult decât de materie. Am hotărât că, dacă elevii mei știu că îmi pasă de ei (de ce anume s-a întâmplat în cartierul lor, câte goluri au înscris la un meci, cum s-au descurcat la testul de la o altă materie), atunci probabil că voi reuși să-i fac să învețe pentru mine, la ora mea. Cum i-am făcut să înțeleagă că mie chiar îmi pasă? Le-am adresat o întrebare simplă: „Ce așteptări aveți voi de la mine, ca profesoară?“ Vedeți, suntem implicați cu toții și trebuie să investim cu toții, să ne clarificăm așteptările și să ne finalizăm sarcinile. Pur și simplu, comportamentul meu n-a fost niciodată părtinitor.

Kassander Robinson, profesoară

Pentru a-mi înțelege complet stilul de predare trebuie să înțelegeți cum se desfășoară o zi normală în clasa mea. Nu e liniște. Elevii nu stau încremeniți. Există un sentiment de siguranță, care le permite până și celor mai nesiguri dintre copii să simtă că ar putea aborda chiar și problemele cele mai dificile. Facem greșeli, învățăm din ele și ne împărtășim reciproc erorile și învățămintele. Cred cu tărie că elevii au nevoie de un mediu care să încurajeze asumarea riscurilor, colaborarea și celebrarea chiar și a celor mai mici succese. La începutul anului școlar, directorul ne-a cerut să ne scriem legământul de pedagog. După ce-am reflectat îndelung și după mai multe încercări de a-l așterne pe hârtie, i-am rugat pe elevii mei să enumere calitățile acelor profesori care au contribuit cel mai mult la succesul lor școlar. Iar ei i-au amintit pe cei care i-au încurajat, i-au prețuit, i-au ascultat, i-au susținut, i-au ajutat; pe cei care au fost interesanți, creativi, unici, înțelegători, amabili, inteligenți, grijulii, atenți, remarcabili, hazlii, energici și entuziaști. Lista e afișată pe partea exterioară a ușii clasei mele. În fiecare dimineață mă uit la ea și îmi reînnoiesc hotărârea să fiu nu doar ceea ce elevii mei doresc, ci și ceea ce au ei nevoie. Aleg să depun zilnic efortul de a mă asigura că fiecare elev știe că este prețuit și că, în momentele dificile, are un suporter entuziast. Dacă ei se simt în siguranță astfel, vor ajunge și să învețe. Progresul academic vine din încrederea de a-ți asuma sarcini școlare noi și dificile.

Amber Willis, profesoară

2
Climatul de lucru

Din toți anii în care am efectuat eu inspecții la clase, una dintre preferatele mele s-a desfășurat la o oră de matematică de clasa a IX-a. Nu, n-a fost o oră obișnuită; am văzut acolo cel mai scăzut nivel de cunoștințe pe care l-am întâlnit vreodată în școala noastră. Așadar, vi-i puteți imagina pe elevii din acea clasă. Nu avuseseră prea mult succes la matematică în anii de școală, iar cei mai mulți erau convinși că matematica nu este pentru ei. Se temeau de materia respectivă, iar adevărul este că pe mulți chiar îi speria.

În timpul acelei ore am stat în spatele sălii, urmărind desfășurarea lecției. Profesoara și elevii au interacționat foarte mult, mai ales că, unul câte unul, copiii au ieșit în față pentru a lucra probleme la tablă. Profesoara adresa întrebări cu privire la problemă, iar elevii răspundeau strigând. Apoi am auzit o elevă spunând ceva ce nu voi uita niciodată. În timp ce profesoara confirma multitudinea de răspunsuri corecte ale elevilor, o fată a exclamat: „Suntem atât de deștepți!“

Gândiți-vă o secundă la replica asta. Și să vedem de ce m-a impresionat atât de mult. Erau elevi care, probabil, nu găsiseră prea multe motive de bucurie în privința propriilor realizări școlare sau a potențialului lor educațional. Totuși, ora aceea mi-a depășit așteptările. Am întâlnit un mediu de lucru și o abordare pedagogică pe care nu le anticipasem. Energia pozitivă din clasă era evidentă. Elevii erau implicați și se comportau interactiv. Mai presus de orice, aveau încredere. Erau optimiști nu doar în legătură cu nivelul lor de cunoștințe, ci și cu participarea la oră. Așadar, prin ce era unică acea clasă? Care fusese factorul de schimbare?

Diferența a făcut-o profesoara Hamlin. Și a constat în climatul pe care l-a creat ea în clasă. O mulțime de cercetări atestă faptul că, în sala de clasă, climatul are un rol important, indiferent de nivelul de învățare (a se vedea Schweig, Hamilton & Baker). Și orice director care și-a făcut timp să meargă în inspecții la ore în școala sa poate confirma asta. Când mă gândesc la cei mai eficienți profesori ai mei, îmi vine în minte un lucru pe care toți l-au avut în comun: păreau entuziasmați să ne predea. Profesorii ar trebui să fie întotdeauna conștienți de atitudinea și de energia pe care le aduc în clasă. Vă asigur că elevii își dau seama de ele.

Climatul din clasă face diferența. Așa cum observa succint Ginott, „doar dacă se simte în largul său, un copil poate să gândească just". Prin urmare, cum întrețineți un climat pozitiv în sala de clasă? Deși crearea unei atmosfere favorabile are o importanță crucială, vă dau o veste bună: nu-i chiar atât de greu de realizat. Iată câteva strategii pe care să le luați în calcul.

Tonul dat de profesor

Profesorii au posibilitatea să dea tonul în clasă atât la începutul anului, cât și la începutul fiecărei ore. Pe baza experiențelor din clasă, chiar din prima zi de școală fiecare elev poate deduce cum va decurge anul școlar. La finalul primei zile, unii sunt optimiști, ba chiar entuziaști; alții pleacă supărați, neliniștiți și copleșiți. Care să fie cauza acestor diferențe și ce rol joacă profesorul în acest scenariu? Oare în prima zi profesorul a avut grijă să le arate în ce bancă să se așeze, să transmită reguli, consecințe și așteptări, precum și să explice programa? Sau le-a oferit elevilor posibilitatea de a se cunoaște reciproc? A înlesnit el activități care să „spargă gheața“ sau alte experiențe amuzante ori captivante pentru elevi?

Desigur, e necesară și o recapitulare a regulilor, procedurilor și așteptărilor. Însă la începutul anului școlar profesorul are șansa unică de a le crea o primă impresie elevilor săi. Îmi amintesc că, la un moment dat, am trecut în prima zi de școală pe lângă o clasă și am surprins o profesoară care își întreba elevii: „Ce-ar trebui să se întâmple aici în acest an, pentru ca asta să fie cea mai frumoasă materie din viața voastră?“

Gândiți-vă cum asemenea cuvinte dau tonul în clasă. Ce-ar fi, dacă profesorul ar începe anul transmițându-le elevilor săi următorul mesaj? „Locul vostru este în această clasă. Noi vă vrem aici. Participarea voastră este esențială. Dacă va exista vreo zi în care nu veți fi cu noi, vă vom simți lipsa. Pentru că voi sunteți importanți.“

Însă climatul unei clase nu depinde nicidecum în totalitate de prima zi de școală. Profesorii au zilnic ocazia de a da tonul în sala lor de clasă. Totul începe de la ușă. Profesorii care stau în pauze lângă ușa clasei lor dețin câteva avantaje. Ei pot să supravegheze elevii și să monitorizeze activitatea de pe coridor. Pot relaționa și cu colegii lor. (Am asistat la niște discuții foarte interesante, în minutele în care profesorii stăteau pe coridor.)

Dar poate că cel mai important motiv pentru profesorii care stau în picioare la ușă îl reprezintă posibilitatea de a crea o conexiune cu elevii, pe măsură ce aceștia intră în clasă. Știu că există câțiva profesori care au aprins internetul cu ritualul lor, creativ și personalizat, de a da mâna cu fiecare elev care intră în clasă. Este amuzant – dar nu necesar. Un zâmbet sincer și un salut funcționează perfect. Întâmpinarea copiilor la intrarea în clasă le oferă profesorilor posibilitatea de a se apropia de elevi și de a-l face pe fiecare în parte să se simtă apreciat. Aceste scurte interacțiuni ajută cadrele didactice să-și dea seama dacă ceva nu este în regulă cu un anumit elev și dacă ar fi necesară o discuție ulterioară cu acesta.

Am văzut o mulțime de profesori care își încep orele întrebându-i pe elevi dacă doresc să spună ceva. Evident, acest obicei consumă din timpul pe care profesorul și elevii îl petrec concentrați asupra lecției. Dar veți descoperi că timpul investit în construirea unui climat pozitiv în clasă aduce avantaje extraordinare în ceea ce privește implicarea elevilor în activitățile de instruire.

Finalmente, aș menționa că profesorii dau tonul prin atitudinea și conduita lor față de elevi. Fiica mea adolescentă mi-a spus câțiva ani la rând cât de mult o iubește pe o profesoară a ei din clasa a V-a. Într-o bună zi, am întrebat-o ce anume îi place la persoana respectivă. Răspunsul ei a fost: „Ne îndrăgește!“ Cât de simplu... dar atât de profund. Copiii preferă compania profesorilor care îi îndrăgesc. Este important ca elevii să știe că vă pasă de ei, fiindcă această conștientizare va influența atitudinea lor față de voi și față de ora pe care o desfășurați.

Vulnerabilitatea cadrului didactic

Din perioada în care am fost profesor debutant îmi amintesc cum m-au iritat într-o zi elevii din clasa a III-a pentru că nu se opreau din vorbit, deși le atrăsesem atenția de mai multe ori. Am ridicat puțin vocea și i-am avertizat din nou. Rashad, care stătea pe rândul de la perete, a continuat să vorbească cu colegul din spatele lui. Am strigat pe un ton tăios: „Rashad! Ești greu de cap?! Ce parte din «Fă liniște!» nu înțelegi?“ Clasa a tăcut mâlc și nu-mi amintesc ca Rashad să mai fi spus ceva până la sfârșitul orei. Totuși, după câteva minute, eu am întrerupt lecția și am spus ceva de genul: „Trebuie să-mi cer scuze față de voi toți. M-am pierdut cu firea. M-am enervat. Rashad, tu n-ar fi trebuit să vorbești, dar nici eu n-ar fi trebuit să-ți spun acele cuvinte. Îmi pare rău!“

E ușor pentru profesori să presupună că trebuie să-și păstreze o imagine autoritară în clasă. Ei sunt tentați să creadă că elevii ar trebui ținuți la distanță. La urma urmei, profesionalismul este cel mai important, iar orice altceva ar submina poziția profesorului și ar periclita controlul asupra clasei. Așa gândesc de obicei cadrele didactice.

Fără îndoială, profesorii trebuie să-și mențină autoritatea în clasă și, în mod evident, profesionalismul este o calitate admirabilă. Însă unele dintre momentele care îi captivează pe elevi sunt cele în care profesorii își arată propria latură umană, fără să încerce s-o mascheze. Adulții fac și ei greșeli, se îmbolnăvesc, sunt triști, nervoși sau frustrați. Elevii rezonează cu profesorii care sunt autentici în fața lor. Ei adoră contextele când aceștia lasă deoparte aerul solemn. Contează foarte mult să afișezi o mică doză de vulnerabilitate, atunci când ești adultul din clasă. Asta îi face pe profesori să arate autentic și îi apropie de elevi; în consecință, relaționează mai ușor cu ei.

Atunci când profesorii comit o eroare, ar trebui s-o recunoască. Dacă greșesc față de un elev, ar fi normal să se corecteze. Profesorii nu sunt perfecți și totul funcționează mai bine când nici ei nu se prefac că ar fi. Iar elevii știu asta. Ei apreciază când profesorii lor își admit greșelile și manifestă un pic de modestie. Vulnerabilitatea nu reprezintă un semn de slăbiciune, ci unul de putere, care, de fapt, generează mai mult respect din partea elevilor. În plus, această atitudine creează în clasă un climat în care elevii se simt mai relaxați, permițându-și să fie ei înșiși. Când asistă la momente în care profesorii își recunosc greșelile, le este mult mai comod să-și asume anumite riscuri.

Profesorul John Hattie scria următoarele: „Climatul educațional optim într-o clasă este acela care generează o atmosferă de încredere – când plutește o atmosferă în care se subînțelege că e firesc să faci greșeli, fiindcă greșelile reprezintă esența învățării."

Totodată, i-aș încuraja pe profesori ca, din când în când, să fie ceva mai nostimi. Când arată că știu de glumă, ei reușesc să creeze un mediu amuzant în clasă. Iar acesta e, în mod sigur, un mediu în care elevii își doresc să se implice. Chiar și profesorii muncesc mai cu plăcere atunci când reușesc să se distreze puțin în clasă. Pe de altă parte, o asemenea atmosferă îi stimulează pe elevi, fiindcă se bucură să participe la oră.

În articolul „The Seven Habits of Highly Affective Teachers", Rick Wormeli spunea următoarele: „Dacă te simți bine când predai și când ești împreună cu elevii, atunci ei se vor implica și chiar vor face eforturi să învețe, iar acest efect îți va ridica ție moralul. Activitatea de predare de azi este una foarte stresantă, așa că adevărata pasiune și spiritul ludic readuc în procesul educațional umanitatea atât de necesară."

Conștientizarea percepției pe care o au elevii

Profesorii străluciți vin întotdeauna la oră pregătiți să predea, dar sunt conștienți că nu toți elevii vin la oră pregătiți să învețe. Ei își dau seama că elevii lor nu au toți, în timpul orei, același nivel – din punct de vedere intelectual, social sau emoțional. Copiii vin la școală cu diverse „bagaje". Cei mai buni profesori nu numai că predau lecțiile în mod eficient, dar înțeleg și povara fiecărui bagaj, așadar țin cont de dinamica existentă în clasă, pe măsură ce furnizează informațiile și în timp ce interacționează cu elevii.

Poate că niște băieți mai mari i-au pus piedică pe coridor unui elev, crezând că fac ceva amuzant. În timpul lecției, copilul hărțuit se gândește cum să evite acel grup atunci când iese din clasă pentru a merge la următoarea oră. Un alt elev a stat treaz aproape toată noaptea ascultându-și părinții cum se ceartă, așa că dormitează încontinuu în timpul orei. Altul nu are pe nimeni acasă pentru a-l ajuta la teme, așa că intră stânjenit în sală, fiind conștient că a rămas în urmă cu materia, față de colegii lui. Îmi amintesc de un elev care era în clasa a VI-a pe vremea când eram eu director și care nu voia să intre la oră deoarece copiii râdeau de frizura lui. Să nu uităm că piramida nevoilor elaborată de Maslow este mai mult decât o teorie. Trebuie să fim atenți la modul în care diverse nevoi le-ar putea afecta elevilor gradul de receptivitate la lecție.

Alan Beck preciza: „Nu te poți ocupa de taxonomia lui Bloom, privitoare la obiectivele educaționale, decât după ce te îngrijești de piramida lui Maslow, privitoare la nevoile umane." În calitate de profesori, ne place să credem că lecția noastră este cea mai importantă pentru elev. În realitate, orice altceva din universul lui personal contează mai mult decât lecția respectivă. Trebuie să ținem seama tot timpul că fiecare elev intră la ora noastră cu un set unic de circumstanțe – propriile strădanii și provocări.

Profesorii desăvârșiți sunt sensibili la nevoile elevilor și aduc în sala de clasă empatie, răbdare și bunătate. Ei creează un loc în care elevii să se simtă în siguranță, iar asta generează un mediu de învățare mult mai eficient. Când elevii ies din clasă cu un nivel al stimei de sine mai ridicat decât atunci când au intrat, înseamnă că profesorul a înțeles că activitatea de predare înseamnă mai mult decât să furnizeze informații. Nu putem controla mediul familial al elevilor, dar în mod cert putem controla atmosfera din clasă. Când sunt în grija noastră, ei trebuie să se simtă în siguranță, susținuți moral și prețuiți.

Din perioada în care eram un tânăr director adjunct, îmi amintesc de o inspecție pe care am făcut-o într-o oră de matematică din școala mea. Stăteam în spatele clasei și urmăream impresionat modul în care profesoara gestiona o situație potențial stânjenitoare pentru un elev. Copiii mergeau pe rând la tablă să rezolve probleme. De îndată ce Malachi a ajuns la tablă, ei i-a fost clar că el nu știe ce are de făcut. Cu spatele la clasă, profesoara a început cu voce tare: „Așadar, Malachi știe că primul lucru pe care îl are de făcut este să scrie ecuația pe tablă.“ Malachi a început să copieze ecuația. Apoi profesoara a indicat: „Malachi știe că trebuie să-l afle pe *x*, așa că o să scadă 6 din ambele părți.“ Iar Malachi a scăzut 6 din ambele părți. Astfel, profesoara l-a îndrumat pe Malachi până la soluția problemei, salvându-l de umilința de a-și trăda în public ignoranța. Sunt convins că am fost singurul care a înțeles ce se întâmplă. Și am fost uimit de modul magistral și discret în care această profesoară și-a susținut elevul.

Există o zicală pe care o auzim adesea: „S-ar putea ca ei să uite ce le-ai spus, dar nu vor uita niciodată cum i-ai făcut să se simtă.“ Educatorii o citează frecvent, întrucât surprinde extrem de profund rolul important al profesorilor în crearea unui climat pozitiv în sala lor de clasă. Profesorii buni își încurajează elevii în mod constant. Îi complimentează regulat. Evită sarcasmul. Își controlează propriile emoții negative. Profesorii buni depun eforturi pentru a-și transforma sala de clasă într-un loc sigur din punct de vedere emoțional pentru toți elevii lor, fiindcă, atunci când au un nivel ridicat al stimei de sine, elevii pot învăța mult mai bine.

De-a lungul anilor, i-am întrebat pe mulți elevi ce anume le-a plăcut la profesorii lor. În mod repetat, am auzit următorul răspuns: „Când am o nelămurire, nu-i deranjează să-mi explice.“ Copiii sunt în măsură să spună care profesori sunt răbdători și care nu. Îmi este clar că ei îi apreciază pe aceia care le explică materia cu răbdare, de câte ori este nevoie. Elevii preferă orele la care pot adresa întrebări în mod relaxat.

Îmi amintesc de discuția pe care am purtat-o la un moment dat într-un aeroport cu o tânără, despre experiențele ei din școală. În memoria sa de lungă durată se întipărise felul în care profesorii i se adresaseră: limbajul, tonul și atitudinea. A recunoscut că fusese o elevă dificilă, dar își amintea clar că nici profesorii nu-i răspunseseră cu răbdare.

Cum vorbim cu cei mai dificili dintre elevi? Poate că predați lecții geniale, dar oare sunteți răbdători cu elevii cărora trebuie să le explicați a doua sau a treia oară? Poate că folosiți tehnologie de ultimă oră, dar includeți în discuție chiar și elevul care pare să fie necuviincios și arogant? Cred că aceste răspunsuri contează, fiindcă eu consider că dezvăluie multe despre angajamentul profesional al cadrelor didactice.

În opinia mea, profesorii strălucesc cel mai puternic nu atunci când predau lecții elaborate și inovatoare, ci când lucrează cu răbdare cu elevii care se confruntă cu probleme. Atitudinea profesorului influențează mediul de învățare, care, la rândul său, influențează întotdeauna conținutul învățării. Niciodată nu este vorba doar de planul lecției.

Renumitul profesor, psiholog și psihoterapeut pentru copii Haim Ginott afirma cu o jumătate de secol în urmă: „Am ajuns la o concluzie care m-a înspăimântat: eu sunt factorul decisiv în clasă. Maniera mea personală de abordare este cea care creează climatul. Starea mea de spirit cotidiană dă tonul. În calitate de profesor, am incredibila putere de a le face copiilor viața fie mizerabilă, fie frumoasă. Pot fi ori un instrument de tortură, ori unul de inspirație. Pot ori să umilesc, ori să vindec. În orice situație, eu sunt cel care decide dacă o criză se va agrava sau se va diminua ori dacă un copil va fi tratat omenește sau nu."

Ginott și-a dat seama că profesorii reprezintă cel mai important factor din sala de clasă. Aceasta e o realitate pe care orice profesor eficient o înțelege.

Tuturor ne place să fim agreați de ceilalți, fiindcă asta ne dă o stare de relaxare. Scopul meu este să-mi transform sala de clasă într-un asemenea mediu. Pentru asta, am decis să fiu atentă la prioritățile clasei. O soluție a fost să aduc diferite tipuri de scaune. Copiii au opțiunea să se așeze pe podea, pe un scaun sau într-o bancă. I-am sfătuit să aleagă acel loc în care simt că pot învăța cel mai bine. Iar locul poate fi schimbat ulterior, în funcție de starea de spirit a elevului și de activitatea de moment. Ca profesor, îmi impun să accept asta. Beneficiile unui astfel de aranjament sunt extraordinare. Am puține probleme de disciplină, deoarece copiii sunt implicați și decid cum își gestionează spațiul. Dar locul fiecăruia în sală nu reprezintă singurul mod în care sunt atentă la valorile grupului. Vreau ca elevilor să le vină ușor să-și împărtășească gândurile și să participe la ore. Printre obiceiurile pe care le-am instituit pentru a crea acest tip de mediu se numără și faptul că îi întâmpin pe copii la ușă și încerc să-mi dau seama în ce ape se scaldă. Fac zilnic apelul nominal al elevilor, profitând de ocazie pentru a le adresa o întrebare banală sau o remarcă simplă. Ei au opțiunea de a nu răspunde la întrebare, dacă nu au dispoziția necesară. Asta le permite tuturor celor din clasă să se cunoască mai bine și să se acomodeze unii cu ceilalți.

Tracey Carter, profesoară

Organizarea, tehnicile de predare și conștientizarea percepției elevului sunt componentele care m-au ajutat pe mine să consolidez în sala de clasă un mediu favorabil învățării. Când elevii intră la ora mea, își iau imediat materialele didactice și încep rutina zilnică. Această organizare și bunele obiceiuri îi mențin pe elevi concentrați asupra sarcinilor. Iar nivelul de învățare a fost mereu la cote înalte, datorită implicării lor rapide în activități specifice disciplinei. Cred cu toată convingerea că, în sala de clasă, un mediu favorabil învățării nu este acela în permanență plin de rigori. Elevii au nevoie de timp și de ocazii pentru a construi relații cu colegii și cu profesorul. Drept urmare, la începutul orei, elevii au mereu la dispoziție un interval de două minute pentru a vorbi cu prietenii sau a-i împărtăși întregii clase ceva important (din punctul lor de vedere). Eu am grijă mereu să-i ascult cu atenție, atunci când au ceva de spus. N-a durat mult să descopăr că, dacă eu îi ascultam pe ei, și ei mă ascultau pe mine.

Acestea fiind spuse, îmi amintesc în mod particular de o elevă din clasa a VI-a, pe care am chemat-o la tablă să rezolve o ecuație. S-a descurcat foarte bine, cu puțin ajutor din partea mea. A fost nevoie de un efort comun, dar a făcut o treabă extraordinară, fiindcă a dus totul la bun sfârșit. Mai târziu am aflat că ei i s-a părut umilitor și că s-a simțit stânjenită să mai vină la următoarea oră. Dar cum aș fi putut să știu? A zâmbit și s-a străduit din greu pentru a rezolva ecuația. Din această experiență am înțeles că, pentru elevi, percepția înseamnă realitatea. Când creați un mediu favorabil învățării, să nu uitați că ceea ce percep elevii... aceea este pentru ei realitatea.

Daniel Farris, profesor

Îmi amintesc că în primul an de învățământ am primit un sfat „înțelept“, vechi de secole: „Să nu le spui copiilor nimic personal despre tine.“ M-am gândit că ei – sfătuitorii mei – fac asta de ceva vreme, așa că probabil știu mai bine. Apoi am intrat într-o clasă cu chipuri adolescentine, pline de speranță și uimire și... pur și simplu, n-am reușit să urmez sfatul. Cine ar vrea să învețe de la un om de piatră? Deci am hotărât să le spun elevilor cine sunt eu, ce valori am și ce îmi place să fac. Nu, copiii nu află toate detaliile vieții mele, dar le spun în mare câte ceva despre familia mea și locul din care provin, că în facultate am jucat volei și că îmi place să mă antrenez și acum. Drept urmare a faptului că îmi deschid sufletul în fața lor, elevii devin îndeajuns de încrezători să-mi împărtășească unele dintre experiențele personale: suferința profundă în urma divorțului sau a decesului unuia dintre părinți, exuberanța cu privire la calificativul obținut (în sfârșit!) la un concurs și, uneori, chiar incidente grave și dificile. Adică ei știu că, în contextele problematice, indiferent ce nevoie ar avea (bani pentru mâncare sau sprijin moral), au cui să se adreseze. Copiii care au încredere în profesorul din clasă vor manifesta câteva comportamente, iar unul dintre ele este că vor studia din greu materia acelui profesor. Nouă, oamenilor, ne place să-i facem pe semeni să fie mândri de noi. Și se va mai întâmpla ceva: elevii vor avea încredere în tine. Iar asta e ceva neprețuit.

Charli Hamlin, profesoară

3

Procesul de instruire

Așa cum am arătat până aici, pentru a stimula învățarea profundă, este important să vă gestionați eficient clasa și să dezvoltați un climat sănătos. Profesorii debutanți descoperă iute că acestea sunt premise de bază în activitatea de predare propriu-zisă. Așadar, ce înseamnă să fii un profesor eficient? Deși nu există un răspuns categoric, iată părerea mea: ca să devii un profesor bun, nu-i esențial să fii amabil, să ai personalitatea adecvată, să clădești relații pozitive cu elevii, să ai o atitudine favorabilă și nici măcar să îndrăgești copiii. În mod fundamental, procesul de *învățare* e cel care contează!

Vreau să precizez că toate calitățile, metodele și aptitudinile despre care am vorbit sunt prețioase și, uneori, chiar decisive în acest proces. (Voi vorbi despre ele pe larg în această carte.) Dar, în cele din urmă, predarea se referă la învățare. Poți să ai o atitudine desăvârșită și să iubești copiii, dar, totuși, să nu predai o lecție utilă. Poți fi o persoană minunată și e posibil să te îndrăgească toți elevii din clasă, dar dacă ei nu ating obiectivele stabilite pentru acel curs, nu ești un profesor eficient. Prin urmare, de ce anume este nevoie? Astfel de aspecte explorăm în capitolul de față.

Planificarea lecției

Nu mi-au plăcut niciodată planurile de lecție. Mă întristează să recunosc că, în calitate de profesor debutant, am scris în planificatorul meu: „Predarea capitolului 9". Atâta tot. Atât am scris în planificatorul lecției mele. Îmi amintesc că în acea zi, în timp ce conduceam spre școală, mă întrebam ce voi face la oră. Eram oarecum mândru de capacitatea mea de a improviza. Pe de altă parte, îmi amintesc și de directoarea mea, care m-a dojenit din cauza planurilor de lecție inadecvate. Evident că am fost stânjenit să fiu certat de un superior ierarhic, dar totodată am fost și frustrat. Mă revolta ideea că ea pune accent pe niște notițe (cărora eu le dădeam prea puțină importanță). Nu vedeam în perspectivă. Nu sunt mândru azi de felul în care gândeam pe atunci și nu recomand o asemenea abordare a predării.

Pe măsură ce m-am maturizat ca profesor, am început să petrec din ce în ce mai mult timp cu planificarea. Niciodată nu mi-a plăcut activitatea obligatorie de a-mi face notițe, dar am învățat să acord importanță procesului de planificare și, în timp, i-am văzut tot mai clar avantajele.

Pe scurt, pot să vă spun că planurile de lecție bine gândite vă dau siguranța că respectați programa școlară în cel mai eficient mod posibil și vă ajută să verificați dacă elevii au învățat ceea ce era de așteptat să învețe. Nu cred că este important ce model, format sau stil folosiți. Totuși, pentru îndrumătorii voștri s-ar putea să conteze, așadar se cuvine să țineți cont de uzanțe. Oricare ar fi cerințele specifice, un plan de lecție trebuie să aibă în vedere trei componente: programa, predarea și evaluarea.

Considerații privitoare la programa școlară

Primul aspect pe care trebuie să-l aveți în vedere este publicul căruia vă adresați. În *Instructional Planning for Effective Teaching*, Stronge și Xu consideră că „profesorii trebuie să-și cunoască elevii cărora le predau, înainte de a putea adapta instruirea la nevoile lor individuale". Iată în continuare câteva întrebări de care trebuie să țineți seamă, atunci când reflectați asupra planificării lecțiilor după programă:

- Predați conform standardelor impuse de programa școlară?
- Ritmul ales vă va permite să ajungeți în punctul dorit, la sfârșit de modul sau de an?
- Există competențe pe care intenționați să le introduceți, deși nu sunt definite în mod explicit în curriculum?
- Obiectivele voastre se potrivesc cu cele ale colegilor care predau același curs?
- Vă permite programa să colaborați interdisciplinar cu profesori de la alte materii?
- Ce motivație fundamentală vă orientează activitatea de instruire?
- Care este nivelul cognitiv care trebuie atins în procesul de învățare?

Există un cadru conceptual bine definit, deosebit de util profesorilor atunci când vine vorba despre nivelul cognitiv pe care trebuie să-l planifice pentru elevii lor. Bloom a schițat mai multe niveluri de gândire, care simbolizează diferite niveluri ale rigorii cognitive. După mai multe decenii, taxonomia lui Bloom a fost revizuită de Anderson și Krathwohl, iar acum include următoarele: amintirea, înțelegerea, aplicarea, analizarea, evaluarea și crearea. Aceste concepte le sunt utile profesorilor atunci când monitorizează nivelul „profunzimii" pe care se așteaptă să-l aibă elevii după ce parcurg materia.

Norman Webb a definit, la rândul său, un cadru conceptual (care a devenit consacrat printre cadrele didactice) cu privire la evaluare, pentru ca profesorii să se asigure că evaluările sunt relevante în raport cu așteptările. El s-a exprimat astfel: „Așteptările și evaluările sunt în concordanță dacă ceea ce se obține de la elevi pe baza testelor este tot atât de exigent din punct de vedere cognitiv pe cât este ceea ce se așteaptă să știe și să facă aceștia." Cadrul său conceptual intitulat DOK (*Depth of Knowledge* – „profunzimea înțelegerii") pleacă de la nivelul de reamintire a informației și merge până la nivelul cel mai sus al gândirii critice.

Ca profesor debutant, am fost în mod constant acuzat că mă concentrez doar asupra primului nivel al taxonomiei lui Bloom: reamintirea. Majoritatea evaluărilor mele cereau doar ca elevii să-și reamintească o considerabilă cantitate de informații. Este important ca profesorii să conștientizeze rigoarea cognitivă pe care o încorporează în lecțiile lor și să planifice în mod intenționat ca elevii să dobândească raționamente de nivel superior.

Considerații privitoare la metoda de predare

Când profesorii planifică lecțiile propriu-zise, trebuie să aibă în vedere următoarele întrebări:

- Care sunt cele mai eficiente strategii pentru predarea acestei materii?
- Care activități de învățare vor stimula cea mai profundă implicare a elevului?
- Care sunt resursele necesare pentru a reuși în acest demers?
- Ce voi face în cazul elevilor care termină mai devreme?

În inovatoarea sa carte *Visible Learning**, John Hattie a sintetizat rezultatele a mii de studii cu privire la influența pe care o au profesorii asupra realizărilor elevilor. Din mulțimea de strategii și activități de instruire care influențează învățarea elevilor, Hattie le evidențiază pe acelea demonstrate științific ca fiind cele mai eficiente.

Mai mult, el susține că este esențial ca profesorii să-și accepte rolul hotărâtor în elaborarea și evaluarea deciziilor educaționale pentru elevii lor: „Nu există nicio rețetă, niciun set de fișe de lucru pentru dezvoltarea profesională, nicio nouă metodă de predare și niciun remediu temporar. Este un mod de gândire: «Rolul meu, în calitate de profesor, este să evaluez efectul pe care îl am asupra elevilor mei.» Înseamnă «să-ți cunoști impactul», să-l înțelegi și să acționezi pe baza acestei cunoașteri și înțelegeri."

* *Învățarea vizibilă*, apărută în traducere la Editura Trei, București, 2014. (N. tr.)

O altă autoritate în domeniul eficienței pedagogice, Robert Marzano, a confirmat, la rândul său, rolul crucial al profesorilor: „Toți specialiștii sunt de acord că impactul deciziilor luate individual de fiecare profesor în parte este mult mai mare decât acela al deciziilor luate la nivelul școlii.“

Considerații privitoare la tipurile de evaluare

Când planifică evaluarea, profesorii ar trebui să reflecteze asupra următoarelor două întrebări:

- Care sunt modurile în care voi putea să determin nivelul de înțelegere al elevului?
- Cum va arăta îndeplinirea obiectivelor mele pedagogice și care este cel mai bun instrument pentru a o evalua?

Richard DuFour, Rebecca DuFour, Eaker și Many au precizat patru întrebări esențiale pe care profesorii ar trebui să le aibă în vedere, atunci când analizează rezultatele elevilor. Deși apar în contextul lucrării lor din 2010, *Professional Learning Communities*, întrebările reprezintă pentru profesori o manieră utilă de a-și schița planificarea evaluărilor. Pentru autori, procesul planificării se reduce la aceste patru întrebări:

- Ce doresc eu ca elevii să știe și să fie capabili să facă?
- Cum îmi dau seama când elevii știu și sunt capabili să facă?
- Ce voi face dacă elevii nu știu sau nu pot să facă?
- Ce voi face în cazul elevilor care știu deja ori sunt capabili să facă?

Acestea sunt întrebări importante, iar celui care elaborează planul lecției sau planul unității i-ar prinde bine să răspundă la ele. Cei mai mulți profesori nu găsesc amuzantă elaborarea planurilor de lecție, iar eu nu sunt un mare amator al documentației riguros constituite pe baza formatelor recomandate. Totuși, acest proces de planificare a lecțiilor are o importanță vitală. Vă rog să nu tratați cu superficialitate această componentă.

Activitatea de predare

Transmiterea învățăturii este activitatea de bază a cadrelor didactice. Dacă profesorii nu stăpânesc această aptitudine, celelalte prea puțin mai contează. Cercetarea lui Hattie confirmă că nu există o strategie unică de educare pe care profesorii s-o folosească, ci, mai curând, o mare varietate de practici și activități recunoscute, pe care aceștia le pot utiliza în scopul îmbunătățirii procesului de instruire a elevilor.

Activitatea de predare eficientă poate lua diferite forme și poate reflecta diferite stiluri și personalități, în funcție de profesor. Eu nu intenționez să vă sugerez cum să vă faceți meseria, ci să evidențiez câteva aspecte ale instruirii pe care pedagogii trebuie să le aibă în vedere.

Implicarea

Îmi amintesc că, în copilărie, la școală mă plictiseam teribil. Urmăream pe ceas cum se scurg minutele, abia așteptând să sune clopoțelul. În timpul orei scriam versuri naive, doar ca să fac timpul să treacă mai repede. Spre exemplu, îmi amintesc că încercam să aflu cât de mult îmi pot ține respirația. Și, în mod repetat, închideam și deschideam cronometrul, încercând să-l opresc fix atunci când zecimea și sutimea de secundă indicau cifra zero. Și, bineînțeles, îmi amintesc că moțăiam.

Sunt convins că mulți dintre voi au amintiri asemănătoare din timpul școlii. Mult prea mulți elevi au experiențe numeroase în care se vede dezinteresul cadrului didactic în sala de clasă. De fapt, din perioada în care am fost profesor debutant îmi amintesc că, în timpul unei inspecții la ora mea, directorul a scris pe evaluare mențiunea că „patru elevi aveau capul pe bancă". E clar, elevii mei nu manifestau interes tot timpul. În calitate de educatori, trebuie să reținem faptul că, deși îi putem obliga pe elevi să participe la oră, procesul de învățare va depinde mereu de ei. Așadar, care este secretul implicării elevului?

Nu-i niciun secret! Nu există nicio strategie magică, nicio activitate cu efect garantat și, în mod cert, nicio rețetă. Precizez toate acestea doar ca să vă determin să țineți cont de ele în planificare, fiindcă urmează să vă ofer câteva sugestii care, sper eu, să vă inspire.

În cabinetul dentistului meu, era un panou pe care scria: „Nu trebuie să-ți cureți cu ață dentară toți dinții, ci doar pe aceia pe care vrei să-i păstrezi." M-am gândit să fac un panou pentru biroul meu, pe care să scrie: „Profesorilor nu trebuie să le pese de toate lecțiile lor, ci doar de acelea pe care doresc ca elevii lor să le învețe."

De obicei, în clasă elevii nu sunt captivați nici de strălucitul plan al lecției și, cu siguranță, nici de manualul arid, ci de energia, atitudinea și entuziasmul profesorului. În general, elevii nu sunt motivați de lecție pe cât sunt de motivați de profesor. Fiului meu cel mare nu i-a plăcut niciodată ora de engleză. Nu i-a plăcut nici să citească, nici să scrie. Dar, în clasa a X-a, materia lui preferată a fost engleza. De ce? Venea acasă zilnic spunând cât de pasionat e profesorul lui. Entuziasmul și bucuria cu care acesta preda lecțiile au trezit interesul fiului meu pentru materia lui.

Astfel de experiențe mi-au întărit convingerea că energia pe care profesorii o imprimă lecției lor are un profund impact asupra nivelului de implicare al elevilor în timpul orei. Acest lucru îmi amintește că implicarea elevilor este de obicei direct proporțională cu entuziasmul profesorilor.

Profesorul pe care eu nu-l voi uita niciodată – cel care m-a motivat cel mai mult – este domnul Navarre. El mi-a predat științele naturii când eram în clasa a VIII-a, iar în acel an am învățat să îndrăgesc rocile. Le-am iubit, pentru că domnul Navarre le iubea. Pasiunea și energia pe care le emana în timpul orei m-au inspirat să mă interesez de acel subiect. În calitate de profesori, este absurd să ne așteptăm ca elevii să fie interesați de lecția noastră atâta vreme cât noi nu suntem prea încântați s-o predăm. Pe de altă parte însă, entuziasmul autentic al profesorului poate face ca aproape orice lecție să fie atractivă. Încă mai am cutia cu roci pe care am făcut-o la cursul domnului Navarre. Se află pe un raft în biroul meu, ca o reamintire constantă a acestui adevăr imbatabil.

Autorul și editorul Dave Burgess a călătorit din stat în stat, inspirând profesorii să „predea ca niște pirați". El i-a provocat să creeze lecții originale și dinamice – atât de atractive încât elevii să vină la ore și dacă nu sunt obligați. El declara că un cadru didactic va avea energia și creativitatea necesare unui profesor de neuitat doar dacă va fi dispus să înțeleagă filosofia aceasta. Și i-a provocat pe toți „să caute neobosit căi de a-și exercita zilnic meseria cu pasiune".

Phillip Schlechty a scris și el despre instruirea antrenantă, numai că lucrarea lui s-a concentrat asupra calității pe care profesorii le-o solicită elevilor, nu neapărat pe calitatea profesorului. Parțial, cercetarea lui se bazează pe presupunerea că „profesorii sunt lideri și creatori, iar elevii sunt voluntari, aceștia din urmă trebuind să ofere atenție și devotament". Schlechty a descris cele zece aspecte metodice care definesc munca antrenantă, sugerând ideea că sarcina esențială a profesorilor este aceea de a concepe activități care să aibă următoarele caracteristici:

- *Conținut și substanță:* Ce vor învăța elevii? Care sunt standardele la care se aliniază atât programa școlară, cât și nivelul de interes al elevului?
- *Informații structurate:* În ce mod e coordonată activitatea și care este ritmul planificării?
- *Standarde clare și atractive:* Sunt elevii capabili să vorbească despre ceea ce fac?
- *Protecție față de consecințele negative:* Se simt elevii în siguranță, astfel încât să vrea să-și asume riscuri?
- *Concentrarea pe rezultat:* Care-i produsul creat de elev, unde se face expunerea publică sau în ce context se vede performanța lui?
- *Afirmarea:* Este lucrarea lui vizibilă și pentru alții?
- *Afilierea:* Lucrează elevii în echipe?

- *Noutatea și diversitatea:* E ceva nou, care apelează la o varietate de medii și resurse?
- *Libera alegere:* Pot face elevii opțiuni și alegeri, în legătură cu modalitatea de lucru și de învățare?
- *Onestitatea:* Este lucrarea în mod autentic interesantă pentru elev?

Schlechty susține că implicarea elevilor depinde de măsura în care profesorii elaborează pentru ei activități care să includă aceste caracteristici.

Instruirea diferențiată

S-a scris mult despre diferitele stiluri de învățare ale elevilor – și asta, pe bună dreptate. Copiii învață în mod diferit. Unii asimilează cel mai bine informațiile prin vizualizare, alții, prin ascultare, iar alții, prin practică și explorare. Desigur, țelul oricărui profesor ar trebui să fie succesul fiecărui elev. Noi, profesorii, dorim să predăm lecții în moduri care să creeze cele mai bune oportunități pentru elevii noștri, în scopul procesării și înțelegerii conținutului. Asta înseamnă că ar trebui să concepem lecții accesibile pentru toate stilurile de învățare.

Carol Tomlinson, care a scris pe larg despre instruirea diferențiată, a descris-o drept o abordare proactivă a procesului de învățare a elevului: concentrată mai mult pe calitatea activității decât pe cantitatea asimilată; legată de evaluarea formativă regulată; evidențiată în multiple abordări ale lecției; centrată pe elev; și reflectată într-o combinație de instruire frontală, pe grupuri și individuală. Când Tomlinson a fost întrebată de Anthony

Rebora, într-un interviu, cum recunoaște instruirea diferențiată în sala de clasă, răspunsul ei a subliniat importanța profesorilor care se concentrează asupra nevoilor fiecărui elev:

„Unul dintre primele lucruri pe care le caut este reprezentat de relația profesor–elev. Pare să fie acesta un profesor cu adevărat atent la copii, care depune efort pentru a-i studia și a înțelege ce-i motivează să lucreze? Pentru a fi eficient, un profesor care abordează instruirea diferențiată trebuie să discute onest cu copiii, să le solicite opinia în legătură cu diverse subiecte, să vorbească cu ei un minut sau două, pentru a vedea cum merg treburile, și să-i asculte, ca să afle ce anume îi interesează. Toate concluziile sale se reflectă apoi în instruire. Iar relația profesor–elev nu numai că îi ajută pe profesori să plănuiască activitățile cu copiii, dar oferă și explicația diferențierii: dacă eu, profesorul, îi pot vedea pe copii ca pe niște ființe umane distincte, voi fi mult mai implicat în a-i ajuta să învețe și să se dezvolte individual."

Instruirea diferențiată nu este un scop în sine, ci un rezultat inevitabil atunci când profesorii se dedică succesului fiecărui elev.

Cei patru „C"

Indiferent de disciplina pe care o predați, este important să conștientizați că există competențe ce depășesc programa școlară stabilită. Într-un document elaborat de National Education Association (NEA), este prevăzut un obiectiv ce include un set de competențe deosebit de relevant – „Pregătirea elevilor din secolul XXI pentru o societate globală: ghidul educatorului conform celor «Patru C»". Competențele la care face referire documentul sunt: chibzuința, comunicarea, colaborarea și creativitatea.

Chibzuința

Sau, altfel spus, gândirea critică se referă la abilitățile de argumentare, analizare, sintetizare, interpretare și reflectare.

Comunicarea

Implică exprimarea clară a ideilor, precum și ascultarea activă. Totodată, ea include abilitatea de a comunica într-o varietate de contexte, folosind diferite tehnologii.

Colaborarea

Este descrisă ca o abilitate de a lucra cu alții, de a fi flexibil în grupuri și de a împărtăși cu ceilalți responsabilitatea în calitate de membru al echipei.

Creativitatea

Se referă la abilitatea de a dezvolta noi idei și de a implementa concepte sau strategii inovatoare.

Pentru profesori, provocarea este de a explora căi de integrare a acestor abilități în lecțiile lor și de a încorpora activități care să încurajeze dezvoltarea lor. Documentul NEA oferă o varietate de exemple despre felul în care poate fi dobândit acest set de competențe în sălile de clasă obișnuite și cuprinde o mulțime de resurse suplimentare care să-i ajute pe profesori în acest demers.

Munca neproductivă

Am inclus această secțiune ca un avertisment. Vă sugerez să nu le dați elevilor sarcini doar pentru a-i ține ocupați. Presupun că fiecare profesor își poate reproșa că a recurs la această practică la un moment dat. Eu știu că am făcut-o. Însă ea trebuie evitată. Majoritatea elevilor realizează când sarcinile educaționale primite nu au mare valoare, fiindcă își dau seama când tema le este dată pentru a-i ține, în principal, ocupați și liniștiți.

Astfel de activități îi pot face să nu mai aibă încredere în școală, iar respectul față de profesor și față de ora lui se poate micșora. Așadar, vă sfătuiesc să faceți tot ceea ce este posibil pentru a planifica activități și sarcini productive pentru elevi. Timpul pe care îl petreceți zilnic cu ei este limitat. Încercați să valorificați fiecare minut.

Tehnologia

Este posibil ca profesorii mai tineri să integreze mai ușor tehnologia în sala de clasă. Mulți dintre ei s-ar putea să nu fi cunoscut vremurile în care nu exista nici smartphone, nici internet. Aceștia fac parte din generația care a ajuns să fie cunoscută drept „nativi digitali“ – o expresie inventată de scriitorul Marc Prensky. Mulți profesori veterani depun eforturi considerabile să învețe și să implementeze noi tehnologii, întrucât acestea sunt mult în afara zonei lor de confort.

Ceea ce vreau să subliniez aici este faptul că preocuparea pentru nivelul de confort al profesorului n-ar trebui să reprezinte criteriul esențial în utilizarea anumitor strategii sau tehnologii în sala de clasă. În cele din urmă, atunci când fac planul unei lecții, pe profesori ar trebui să-i impulsioneze următoarea întrebare: Care este cel mai eficient mod de a atinge acest obiectiv? Sau poate chiar altfel formulat: Care este cel mai bun mod de a te asigura că elevii învață ceea este necesar să învețe?

Profesorii ar trebui să nu uite nicio clipă că tehnologia reprezintă un mijloc; nu este un truc sau un capriciu; și, cu siguranță, nu este un scop în sine. Computerele, telefoanele inteligente, tablele albe interactive și aplicațiile – toate acestea sunt inovații minunate, care le permit profesorilor să-și exercite meseria mult mai eficient, să-i implice pe elevi într-o manieră mai plăcută și să diferențieze sarcinile de lucru într-un mod care să le sporească randamentul. De asemenea, este important să avem în vedere că progresul tehnologic va continua.

Se spune că fostul secretar de stat pentru Educație al SUA, Richard Riley, a declarat: „În momentul de față, noi îi pregătim pe elevi pentru ocupații care încă nu există... folosind tehnologii care n-au fost inventate... pentru a rezolva probleme despre care nici măcar nu știm că vor deveni probleme.“ Nu se întrezărește nicio cale pentru ca profesorii să-și pregătească elevii în mod eficient pentru viitor, dacă nu continuă să integreze tehnologiile moderne în sălile de clasă.

Echitatea

În ultimele decenii, s-a scris mult despre decalajele de performanță. Iar în ultimii ani, conceptul de echitate a beneficiat de contribuții importante. Și pe bună dreptate. Majoritatea declarațiilor oficiale despre misiunea școlii sunt doar de formă. De pildă, auziți expresii precum „educarea fiecărui copil“ sau „sprijinirea fiecărui elev pentru a-și atinge potențialul unic“. Dar, an de an și deceniu după deceniu, elevi din etnii minoritare și elevi săraci sunt tot mai mult lăsați în urmă. Odată cu atenția acordată în ultimul timp discrepanțelor dintre rezultatele la învățătură în rândul elevilor, a apărut și o nouă perspectivă din care profesorii abordează această provocare.

Scriind pentru organizația *Teach for America*, Theresa Mooney amintea: „Mai simplu spus, noi considerăm că expresia «decalaj de performanță» îi învinovățește în mod nedrept pe copii, deoarece sugerează că ei, din vina lor, nu ating succesul estimat la învățătură." Mooney susține că barierele sociale reprezintă cea mai mare amenințare la adresa echității, apreciind că este mai corectă formularea „decalaj de oportunitate".

În cartea *Reaching and Teaching Students in Poverty: Strategies for Erasing the Opportunity Gap*, Paul Gorski examinează în profunzime această provocare și le acordă credit profesorilor. Din cauză că, în afara școlii, elevii se confruntă cu o mulțime de bariere, Gorski îi provoacă pe profesori să fie parte a soluției: „Avem puterea și, bineînțeles, responsabilitatea de a garanta că noi nu perpetuăm, în clasele și în școlile noastre, condițiile inechitabile."

Influențați de inovatoarele lucrări ale lui Ladson-Billings și Geneva Gay, alți autori au scris despre necesitatea „predării receptive din punct de vedere cultural". În 2020, website-ul New America a publicat un ghid pentru profesori, menit să le îndrume eforturile de educare a unei clase receptive din perspectivă culturală. Acest ghid scoate în evidență opt factori:

1) Aveți în vedere *competența interculturală*.
2) Identificați și remediați *prejudecățile din sistem*.

3) Când urmăriți pas cu pas programa școlară, luați în calcul *cultura elevului.*
4) Legați învățarea de *lumea reală*, discutând în clasă diverse probleme concrete.
5) Stabiliți *așteptări ridicate* pentru toți elevii.
6) Promovați *respectul pentru diferențele* dintre elevi.
7) Susțineți *colaborarea cu familiile și comunitatea* locală.
8) Adoptați o *comunicare deschisă* din punct de vedere lingvistic și cultural.

Profesorii desăvârșiți trebuie să se dovedească eficienți pentru *fiecare* elev. Asta înseamnă să admită că nu toți elevii învață la fel și nu au parte toți de aceleași dificultăți și oportunități. Apoi, trebuie să lucreze la valorificarea caracteristicilor unice ale fiecăruia și să se străduiască să-i ușureze dificultățile.

Evaluarea rezultatelor

Evaluarea nu se desfășoară separat de procesul instruirii, ci reprezintă o componentă importantă a acestuia. Ea nu doar măsoară nivelul învățării elevului, ci îl și influențează. În multe cazuri, cadrele didactice fac diferența între evaluările *formale* și cele *informale*.

Evaluările informale sunt adesea spontane și, de obicei, nu sunt susținute cu documente oficiale. Ele pot include discuții între profesor și elev sau notări incidentale făcute de cadrele didactice în timp ce interacționează cu copiii și se deplasează prin clasă. Dar o astfel de evaluare presupune ca profesorul să-și monitorizeze elevii încontinuu, căci el trebuie să evalueze treptat gradul în care elevii săi ating obiectivele lecției.

Însă atunci când se vorbește despre evaluări, cei mai mulți profesori se duc cu gândul imediat la cele formale. Acestea sunt planificate cu mult timp înainte și, de obicei, sunt structurate. Astfel de evaluări includ chestionare, teste sau proiecte.

De asemenea, o altă diferențiere utilă trebuie făcută între evaluarea formativă și cea sumativă. Evaluările sumative se fac de obicei la sfârșitul unei unități de învățare și au scopul de a asigura o notă în catalog. Evaluările formative se realizează mai degrabă de-a lungul unei unități de învățare decât la sfârșitul acesteia și le oferă profesorilor feedback cu privire la modul în care trebuie să-și modifice maniera de predare, precum și felul în care trebuie susținuți elevii.

Așadar, în timp ce evaluările sumative evaluează și înregistrează învățarea elevilor, cele formative o influențează. Deși profesorilor le este mai ușor să se concentreze pe evaluarea formală sumativă – finalizată cu notare numerică sau literală –, cei mai eficienți dintre ei sunt interesați în mod special de evaluările formative.

Tomlinson și McTighe apreciază funcția notării astfel: „Considerăm că scopul principal al notării și al transmiterii notelor este să-i comunice importantului public-țintă, adică elevilor și părinților, un feedback de înaltă calitate, pentru a susține procesul de învățare și a stimula succesul elevului." Aici merită menționat faptul că explicația lor subliniază rolul pe care îl au evaluările în facilitarea procesului de învățare.

Rick Wormeli a explicat că cele trei motive principale pentru care noi acordăm note sunt: de a oferi feedback, de a înregistra progresul și de a justifica decizia pedagogică. El susține cu fervoare ideea că feedbackul rezultat în urma evaluării formative reprezintă cea mai importantă parte a procesului de evaluare: „Adevărata învățare – atât a materiei, cât și a responsabilității personale – provine din transmiterea frecventă către elevi (în timpul învățării, și nu după învățare) a unui feedback oportun și detaliat."

Îmi aduc aminte de o profesoară care mă bătea la cap, întrebându-mă când vor sosi în școală rezultatele testelor de evaluare la nivel statal. Abia aștepta să afle cum s-au descurcat elevii ei. Petrecea nenumărate ore meditându-și elevii și ar fi făcut orice pentru a-i ajuta să reușească. Ea vedea succesul elevilor săi ca pe o reflectare a muncii pe care ea o depusese. Dar există un principiu care spune așa: „Până când o lecție nu este învățată, nu se mai predă nimic altceva." E un principiu destul de rigid, însă marii pedagogi sunt dispuși să și-l însușească.

Îmi amintesc cum, cu câțiva ani în urmă, am intrat în biroul domnului Farris în perioada evaluărilor. Tocmai terminase de notat testele. Părea puțin abătut în timp ce mi s-a adresat: „Toți elevii au rezultate slabe. Cumva, nu am reușit să le transmit materia atât de bine cum am crezut că o fac. Le-o voi preda din nou, iar apoi îi voi reevalua."

În astfel de situații, poate fi dificil pentru cadrele didactice să-și recunoască eșecul, dar profesorii buni sunt dispuși s-o facă. Ei înțeleg că, întotdeauna, esențială este învățarea elevului. Iar ceea ce îi motivează pe ei, ca adulți, este succesul copiilor.

Predarea de calitate nu înseamnă doar să transmiți informații, ci și să te implici pentru ca elevii tăi să aibă succes.

De fapt, profesoara care ardea de nerăbdare să afle rezultatele de la evaluare nu era sâcâitoare. În realitate, i-am admirat pasiunea și devotamentul. Am admirat faptul că se implicase în succesul elevilor ei. Este extraordinar când profesorii își definesc propriul succes prin prisma succesului elevilor lor – când înțeleg că obiectivul final nu e predarea, ci învățarea.

Poate fi dificil să găsiți timpul necesar pentru a vă pregăti de o lecție nouă. Nu vă sfiiți să solicitați sfatul unui coleg, referitor la modalitățile în care e recomandat să prezentați lecțiile cu care nu vă simțiți în largul vostru. Multe manuale includ o mulțime de idei de planificare, însă unele subiecte par să solicite mai mult timp de pregătire decât altele. În calitate de profesor de matematică, întotdeauna am pregătite o mulțime de exemple, atunci când explic o lecție nouă. Rezolv dinainte fiecare exemplu. Am descoperit că, dacă inventez o problemă în timpul orei, adesea aceasta necesită o competență care nu aparține lecției și încă n-a fost învățată. Un astfel de exemplu negativ conduce la frustrări și timp pierdut. De aceea, m-am obișnuit să am exemple scrise în ordine, de la simple la complexe. De asemenea, pe măsură ce prezint fiecare problemă, mă uit în ochii elevilor. Nu pot accentua îndeajuns importanța contactului vizual. Simt dacă este necesar să explic încă o dată o anumită problemă ori un pas din rezolvare sau dacă trebuie să sar peste unele exemple. În ochii elevilor nu observi doar înțelegerea, frustrarea, neatenția, confuzia sau plictiseala; contactul vizual contribuie și la crearea unei legături între profesor și elev. Nu-i o idee bună să predai doar cu fața la tablă sau cu privirea ațintită către peretele din spatele clasei.

Cynthia Cirone, profesoară

Instruirea nu poate fi separată de persoana profesorului. A preda înseamnă a-ți împărtăși sinele cu elevii dintr-o clasă. Să luăm exemplul orei mele de engleză. O lecție de engleză nu este doar o simplă lecție – ea reprezintă o parte din ființa mea. A critica maniera mea de predare înseamnă a critica o parte fundamentală din persoana mea. Nu cred că mulți contabili își pun sufletul în declarațiile fiscale, dar întrebați-i pe profesori despre lecțiile de care sunt mândri și pasionați deopotrivă... și veți reuși să vedeți adânc în sufletul lor. Veți descoperi cum văd ei lumea, cum își percep elevii, cum se văd pe sine. Uneori pentru elevi eu reprezint ghidul de pe margine, alteori aplic metoda centrată pe profesor. Dar, în clasa mea, sunt întotdeauna eu însumi. Cum aș putea să motivez, să conving și să inițiez învățarea centrată pe elev, dacă ei ar fi dezinteresați, cu gândul în altă parte și descurajați în fața materialului didactic? Pentru a le stârni interesul, a-i conecta și a-i motiva pe elevi la ora de engleză sau la oricare altă materie, trebuie ca, la început, profesorul să fie canalul de difuzare a informației. Iar pentru asta, el trebuie să fie pătruns atât de conținut, cât și de metodă.

Michael Sinnott, profesor

În ceea ce privește predarea, consider că este foarte important să fii explicit cu elevii. Iar când e vorba de învățare, trebuie să fii prezent lângă ei. Când am ajuns la facultate, mi-am dat seama că nu fusesem niciodată instruită să scriu în mod structurat o lucrare și a trebuit să învăț singură cum să fac asta. Elevii de astăzi sunt la fel – trebuie învățați în mod sistematic cum să scrie. Când faceți ca fiecare sarcină să fie deopotrivă importantă și benefică, unul dintre avantaje este că le permiteți elevilor să-și lase deoparte nesiguranțele și să participe la procesul educațional. Este important ca ei să știe că profesorul e dispus să finalizeze alături de ei toate sarcinile. Când rezolvă și el tema, profesorul dovedește că s-a dedicat lecției, accelerând oportunitatea de învățare. Eu, când le atribui elevilor o activitate de scriere, le dau exemplul meu, explicându-le că și eu fac greșeli și corecturi. Acest lucru le oferă copiilor oportunitatea de a adresa întrebări concrete, precum și de a avea un model în fața lor. Știu că mulți profesori debutanți au rezerve în privința acestui tip de modelare, dar – în ceea ce privește instruirea – reprezintă una dintre cele mai importante căi de a-i influența pe elevi și de a exemplifica însemnătatea unei sarcini. La început este deconcertant, dar când te lași corectat de elevi în timpul procesului de scriere, îi ajuți să învețe și, totodată, creezi un mediu sigur de învățare, în care elevii își asumă riscuri și așteaptă feedback.

Crystal Lamar, profesoară

4

Angajamentul profesional

De câteva luni mă supăra genunchiul, așa că în cele din urmă n-am mai suportat și m-am dus la ortoped. Acesta mi-a recomandat o radiografie, care însă n-a arătat nimic în neregulă. În cabinet, mi-a verificat mobilitatea și forța, dar nici aceste teste n-au scos la iveală nimic problematic. Așa că a cerut un RMN. Peste câteva zile, m-am dus iarăși la consultație și mi-a arătat rezultatele. „Acea zonă întunecată pe care o vezi în imagine este un edem pe femurul tău", m-a anunțat medicul. „Cum?" am întrebat eu nelămurit. „E o contuzie osoasă", mi-a explicat el, precizând că pare a fi o fractură de stres. Șase săptămâni a trebuit să stau în cârje, iar trei luni n-am putut să alerg. În timp ce îmi plângeam de milă, mi-am dat seama că experiența mea servește drept model pentru educație.

Asemenea multor profesioniști, medicii sunt obligați să-și perfecționeze practica, deoarece mijloacele lor de trai depind de asta. Ei folosesc cele mai noi descoperiri științifice, remedii de ultimă generație și cea mai avansată tehnologie. Fără acest angajament, cabinetele lor nu ar supraviețui. Imaginați-vă un scenariu în care doctorul îmi spune: „Ei, bine... radiografia n-a arătat nicio fisură, așa că nu știu ce ai putea avea; cred că ar trebui să-ți odihnești genunchiul și să pui niște gheață pe zona dureroasă“ ori „Știu că unii ortopezi apelează la RMN, dar personalul cabinetului meu nu stăpânește acest tip de tehnologie“. Evident că astfel de scenarii sunt absurde. Considerăm de la sine înțeles ca medicii noștri să persevereze până când ne identifică leziunile sau afecțiunile și să folosească orice tehnologie, tratament sau terapie disponibilă pentru a ne „repara“.

Cadrele didactice nu au însă același tip de responsabilitate întâlnit în alte profesii. Fiindcă elevii vor continua să fie prezenți la orele noastre, fie că urmăm „cele mai bune practici“, fie că nu. De obicei, elevii nu pot „testa piața“ pentru a găsi profesorii cu cele mai multe strategii didactice revoluționare. Ei nu-și pot alege profesorii după modul în care aceștia valorifică cea mai inovatoare tehnologie ori după cum utilizează cele mai relevante evaluări.

Totuși, fiecare școală din SUA are și pedagogi care își exercită profesia cu aceeași răspundere care îl motivează pe ortopedul meu. Ei își tratează elevii ca pe niște persoane cu nevoi și talente unice și testează diferite strategii educaționale pentru a vedea care sunt cele mai eficiente. De asemenea, împrumută de la colegi idei și activități care să le ridice valoarea clasei și acceptă provocarea de a-și perfecționa „manierele de la catedră“, astfel încât toți elevii lor să se simtă apreciați și respectați. Profesorii se angajează să învețe noi tehnologii, care să le permită să predea și să evalueze mult mai eficient. În acest capitol vom examina rolul pe care perfecționarea profesională îl are în cazul profesorilor.

În vara lui 2015, analizam rezultatele testelor de evaluare a competențelor matematice din mai multe școli din statul nostru, când m-am confruntat cu o serie de informații neașteptate. (Suntem foarte ambițioși când e vorba de rezultatele testelor noastre, așa că voiam să știu unde ne clasăm în raport cu alte școli din stat.) La majoritatea nivelurilor de vârstă erau în top câteva școli bine cunoscute, fiindcă primele locuri sunt mereu dominate de aceiași campioni. Acele școli se află în cartiere bogate, iar elevii lor dispun de toate avantajele posibile pentru susținerea testelor standardizate.

Dar în acel an am remarcat o școală mică și oarecum necunoscută ale cărei rezultate la matematică, la nivelul clasei a IV-a, s-au clasat pe locul I în tot statul. În respectiva școală, aproape 40% dintre elevi aveau prânzul gratuit sau la preț redus. Asta era anomalia care mi-a atras atenția. Într-o școală mică, rezultatele testelor adeseori cad în sarcina unui singur profesor, maximum doi, din fiecare an de studiu. Trebuia să aflu cine era profesorul de matematică de la clasa a IV-a. Omul respectiv nu doar că avusese succes într-un context în care nu părea să fi avut vreo șansă, dar mai și răsturnase clasamentul.

Drept urmare, în acea vară am trimis un e-mail către directorul acelei școli, ocazie cu care m-am prezentat și l-am felicitat pentru rezultatele școlare ale elevilor săi (mai ales cele obținute la matematică, de către copiii din clasa a IV-a), în final întrebându-l dacă îi pot face o vizită. Directorul mi-a răspuns cu eleganță și m-a invitat la ei, bucuros de vizită. Am făcut un drum de două ore pentru a descoperi „magia“ din spatele acelor rezultate fenomenale. Îmi amintesc că, în cadrul discuției cu directorul, i-am pus întrebări legate de ora de matematică de la clasa a IV-a. „Avem un profesor foarte bun și o profesoară de-a dreptul uimitoare", mi-a spus el. L-am rugat: „Povestește-mi despre profesoara aceasta uimitoare. Ce anume o face atât de grozavă?" A făcut o pauză, după care a rămas tăcut – nu părea să aibă vreun răspuns. Întrebarea mea îl luase pe nepregătite, de parcă nu se gândise niciodată la calitățile care o defineau pe profesoară. În cele din urmă, mi-a răspuns: „Pur și simplu este neobosită. Face orice pentru a-l ajuta pe elev să înțeleagă matematica. Încearcă orice strategie. Găsește toate resursele. Face orice este necesar pentru ca elevii ei să reușească."

Și asta a fost tot. Nu era vorba nici despre un program perfect adaptat, nici despre cea mai nouă tehnologie. Și nu era nimic magic. Era vorba despre o profesoară care își definea succesul prin succesul elevilor ei. O profesoară gata să facă orice ar fi fost necesar, pentru ca elevii ei să învețe și să reușească. Deși asta s-a întâmplat în urmă cu ani buni, acea profesoară este și acum o sursă de inspirație pentru mine.

Să rememorăm aici exemplul domnului Farris din Capitolul 3, profesorul frustrat din cauza notelor mici. El urmărea îmbunătățirea rezultatelor pentru elevii lui. Majoritatea profesorilor desăvârșiți nu au fost așa de la bun început, ci s-au dedicat propriei perfecționări. Fiecare profesor poate deveni mult mai bun, iar un astfel de angajament îi diferențiază pe profesorii buni de maeștri.

Le recomand profesorilor ca, de-a lungul parcursului lor profesional, să adopte patru strategii: să-și asume inițiativa, să reflecteze, să aibă disponibilitatea de a eșua și să colaboreze.

Asumarea

Aceasta este nu atât o strategie, cât mai ales o mentalitate. Desigur, o anumită parte din evoluția profesională a unui profesor se datorează, cu siguranță, experienței. Dar profesorii ar trebui să se perfecționeze în mod intenționat, nu întâmplător.

Iată ce spunea Ginott: „Perfecționarea profesională rareori se produce spontan. Cel mai adesea, ea este dobândită în urma unui efort deliberat." Și, desigur, multe școli stabilesc obiective de învățare profesională sau inițiative de dezvoltare profesională care ghidează formarea profesională continuă a cadrelor didactice. Nu este neapărat un lucru rău, însă profesorii n-ar trebui să se limiteze la asta.

În calitate de profesori, ce doriți să aprofundați? Ce anume vă interesează? Care ar fi zona pe care doriți s-o îmbunătățiți? Care sunt lacunele din propria voastră practică, pe care ar trebui să le aveți în vedere? Atunci când profesorii caută modalități de a-și cultiva propriile interese profesionale, când urmăresc să-și însușească noi cunoștințe și abilități de care sunt pasionați, ei se vor implica emoțional în acest proces și vor considera rezultatul final mult mai plin de sens.

Formarea profesională personalizată poate contribui la creșterea semnificativă a nivelului de satisfacție a unui cadru didactic. Profesorii care își urmează în mod activ pasiunile se simt împliniți într-un mod pe care nu au cum să-l cunoască cei ce se mulțumesc doar cu situația curentă. Mai mult, aceia care au înțeles că de ei depinde propria formare profesională sunt, în mod inerent, mult mai implicați în proces.

Reflecția

Când o lecție nu se desfășoară conform planului, profesorii buni nu caută cauzele în rândul elevilor, ci se uită în oglindă. Fiecare cadru didactic se confruntă cu ore care merg prost. Totuși, profesorii desăvârșiți nu le văd ca pe un eșec total, ci trag învățăminte din ceea ce n-a mers. Ei nu dau vina pe elevi. De fapt, chiar nu caută să învinovățească pe cineva. Mai degrabă, reflectează asupra propriului rol. Se întreabă: cum ar fi putut prezenta mai clar obiectivul lecției; cum să găsească o strategie mai eficientă de a grupa elevii pentru un proiect; prin ce fel de activitate ar putea face subiectul mai captivant; ce tip de evaluare la finalul orei ar face informația mai ușor de asimilat.

Profesorii desăvârșiți înțeleg că au un rol crucial în succesul fiecărei lecții, așa că, pentru a obține rezultate mai bune, reflectează constant la propriile metode de predare.

Jim Knight, expert în consultanță educațională, descrie procesul de reflecție ca având trei etape: „Uită-te în urmă, vezi ce nu merge, privește spre viitor."

Iar John Hattie vorbește despre impactul profesorilor reflexivi astfel: „Este fundamental ca ei să observe succesul sau eșecul acțiunilor lor: aceia care își înțeleg propriul impact influențează cel mai mult performanța elevilor."

Următoarele întrebări vă pot inspira să găsiți soluții pentru o eficiență mai mare în activitatea de predare și în cea de perfecționare:

- Ce anume ar face noua lecție mai interesantă pentru elevi?
- Oare activitatea ar fi mai eficientă dacă ei ar lucra în grupuri?

- Ar avea vreun efect să grupez elevii în mod diferit?
- De ce o parte dintre elevi ezită să participe la oră?
- Din ce cauză au greșit toți la această întrebare din test?
- Există vreo cale de a lega lecția nouă de ceva ce ei știu deja?
- Dacă elevii m-ar întreba „La ce ne folosește să știm asta?“, aș avea un răspuns adecvat?
- Care dintre informațiile prezentate în această unitate mi se par mie cu adevărat importante?
- Ce abilități vreau să desprindă elevii din lecția de față?
- Cum predau colegii mei această lecție? Oare stilul lor e mai eficient?
- Care ar fi cea mai bună modalitate de a evalua cunoștințele elevilor?
- Există vreo cale prin care elevii să-și aleagă modul de însușire a informației și maniera de evaluare?
- Ce i-ar motiva pe elevii mei să devină interesați de lecție?
- O nouă amplasare a băncilor ar putea crea un mediu mai eficient pentru învățare?
- Dacă aș fi elev, mi-aș dori să particip la această oră?

V-ar fi de mare folos să-i convingeți și pe elevi să se angajeze în procesul de reflecție. Am văzut mulți profesori care au avut succes cu sondajele făcute în rândul elevilor. Este o idee bună să realizați astfel de sondaje la mijlocul și la sfârșitul anului. Desigur, în funcție de context, puteți modifica întrebările pentru a le adapta la nivelul clasei.

Însă ar fi util să-i întrebați pe elevi: ce le-a plăcut în timpul cursului; ce nu le-a plăcut; care au fost cele mai agreabile activități; ce anume li s-a părut a fi o pierdere de timp; pentru care parte a materiei au nevoie să fie sprijiniți mai mult; ce se poate face pentru a le îmbunătăți experiența din timpul orelor.

În general, elevii sunt mult mai sinceri atunci când le permiteți să se exprime anonim, așa încât exact asta vă recomand să faceți. (Precizez că veți avea parte de un feedback mult mai autentic, mai semnificativ și mai puțin supărător, dacă puneți în practică o parte dintre sugestiile evidențiate în Capitolul 2 și realizați un climat educațional sănătos în clasă.)

Disponibilitatea la eșec

Îmi amintesc și azi ora domnișoarei Skellie. Mi s-a întipărit în minte ce le-a spus ea elevilor: „Am emoții pentru ceea ce vom face la lecția de azi. N-am mai încercat niciodată așa ceva." Cât de mândru am fost de ea în acel moment! Rareori mi se întâmplă să mă entuziasmez mai mult decât atunci când profesorii îmi spun că încearcă ceva nou în ora lor. Uneori mi se destăinuie prin ceva de genul acesta: „Prima dată noua metodă n-a funcționat, dar voi face adaptări pentru orele următoare."

Mă inspiră profesorii care, în ciuda dificultăților, își asumă riscuri și învață din propriile greșeli. Probabil că celelalte cadre didactice, care aleg să rămână în zona de confort în clasă, nu vor comite prea multe greșeli. Dar nici nu vor ajunge să inoveze și, cu siguranță, nu-și vor atinge niciodată potențialul maxim ca educatori. Dezvoltarea profesională necesită o doză de vulnerabilitate temporară, așa că pedagogii care doresc în mod serios să-și perfecționeze metodele trebuie să aibă disponibilitatea să se expună riscului de a eșua ocazional.

Colaborarea

Când intervievez profesorii, obișnuiesc să discut mai întâi despre cultura organizațională a școlii noastre, după care în cele mai multe cazuri îi spun candidatului următorul lucru: „Un aspect care nu poate fi negociat este colaborarea. Când adulții lucrează împreună, elevii au de câștigat. Prin urmare, dacă ești genul de profesor căruia îi place să închidă ușa clasei și apoi să facă doar cum crede el, e destul de probabil să nu te potrivești în școala noastră."

Din experiența mea, puține demersuri pot contribui mai mult la consolidarea culturii instituționale și la îmbunătățirea practicilor educaționale decât contribuie colaborarea dintre cadrele didactice.

Iată în cele ce urmează patru căi prin care puteți învăța de la colegi: participarea la seminare și conferințe, implicarea în comunitățile de învățare profesională, observarea colegilor și valorificarea rețelelor sociale.

Participarea la seminare și conferințe

Nu vă sfiiți să-i cereți conducerii voastre fonduri pentru a participa la instruire profesională în afara școlii. Asemenea sesiuni de lucru vă oferă oportunitatea de a învăța de la niște specialiști și lideri extraordinari și, totodată, reprezintă un context important pentru socializare – o șansă de a construi noi relații profesionale, de a intra în contact cu noi idei, noi atitudini și noi abordări ale profesiei voastre.

Mulți dintre cei cu care am discutat despre asta afirmă că socializarea informală ce se desfășoară în cadrul conferințelor reprezintă cea mai valoroasă parte a experienței respective. Pe lângă dezvoltarea profesională formală, profesorii pot cultiva relații autentice cu colegi din alte instituții, iar această camaraderie valorează mult în contextele particulare când profesia devine dificil de practicat.

Implicarea în comunitățile de învățare profesională

Richard DuFour, Rebecca DuFour, Eaker și Many definesc comunitățile de învățare profesională drept „un proces continuu în care educatorii colaborează la intervale regulate, prin intermediul anchetei colective și al cercetării-acțiune, în scopul obținerii de rezultate mai bune pentru elevii lor". Ei susțin că, deși asemenea comunități ar trebui organizate la nivelul câtorva școli mari sau al unui cartier, activitatea esențială este efectuată la nivel de echipe, în interiorul unei singure școli. Vorbim aici de simple grupuri de educatori profesioniști, care colaborează pentru îmbunătățirea învățării elevului.

În opinia lui Dufour (publicată într-un articol din 2004), comunitățile de învățare profesională sunt organizate în jurul a trei „mari principii": (1) sunt concentrate exclusiv pe procesul de învățare al elevului; (2) sunt motivate de un angajament autentic în vederea colaborării; și (3) se dedică neîncetat obținerii de rezultate bune.

Astfel de comunități pot fi alcătuite din profesori de la materii diferite ce predau la aceleași clase (având elevi comuni), așa cum sunt echipele interdisciplinare din școlile gimnaziale. Sau pot fi profesori de școală elementară care predau toți la ciclul primar. Ori pot fi mai mulți profesori de liceu care predau aceeași materie și se reunesc în aceeași catedră. În astfel de grupuri, cadrele didactice au în vedere: obiectivele învățării; activitățile educative conexe; elaborarea unor tipuri comune de evaluare; și analiza rezultatelor. Asemenea teme reprezintă o minunată ocazie pentru profesori de a se ajuta reciproc și de a învăța unul de la altul.

În calitate de director, am fost martor ocular al importantului rol pe care comunitățile de învățare profesională îl joacă în cazul profesorilor din școala mea. Când se întrunesc în grupul lor, cadrele didactice au oportunitatea de a planifica lecții împreună, de a testa în comun diverse activități și de a compara tipurile de evaluări date elevilor. Asta, ca să nu mai vorbim despre susținerea și colegialitatea manifestate în mod obișnuit în cadrul acestor întâlniri.

Observarea colegilor

Și profesorii au nevoie de pauze, iar timpul fiecărei ore de curs este prețios. Înțeleg. Dar nu subestimați importanța observării altui profesor în timp ce predă, fie și numai pentru cinci minute. În acest scurt răstimp, aveți posibilitatea să aflați noi strategii de instruire, să înțelegeți importanța diverselor rutine și proceduri și să descoperiți o nouă abordare în gestionarea comportamentului unui elev dificil. Acest tip de învățare profesională nu este teoretic, ci cât se poate de practic.

Ocazional, cadrele didactice asistă la câte o conferință sau la un seminar, ascultă un expert vorbind despre ceea ce trebuie să facă profesorii și gândesc: „Da, sună bine, dar tu nu-i cunoști pe elevii mei!“ sau „Nu înțelegi dificultățile din școala noastră“. Însă când îți observi în mod direct colegul în timp ce predă, tu deja știi că acesta lucrează în același colț de lume ca tine. Astfel de oameni nu vorbesc emfatic de la un pupitru înalt în fața unor adulți bine-crescuți, ci se află în tranșee având de-a face cu aceleași dificultăți ca tine.

Cu siguranță, dezvoltarea profesională care se desfășoară în afara școlii este importantă, dar să nu subestimați niciodată valoarea celor învățate de la experții de lângă voi.

Valorificarea rețelelor sociale

În cartea *What Connected Educators Do Differently*, Whitaker, Zoul și Casas vorbesc despre importanța rețelelor de formare profesională. Să ții legătura cu alți profesori pe rețelele sociale poate constitui o provocare, dar și o sursă de inspirație. Prin intermediul acestor rețele, cadrele didactice au acces la o multitudine de informații, dar și la cunoștințe de specialitate, care le pot deschide tot felul de uși către noi oportunități de dezvoltare profesională.

Spre exemplu, recent am apelat la rețelele de formare profesională de pe Twitter din care fac parte și eu, întrebând ce au făcut colegii mei de breaslă pentru a-și îmbunătăți nivelul de eficiență în calitate de pedagogi. Iată câteva dintre răspunsuri:

> *Luați-vă timp pentru reflecție! Alocați-vă zilnic zece minute pentru a vă gândi la cum au decurs orele și notați ce a mers, ce nu a mers, dar și ce ați putea schimba data viitoare. Iar toate aceste notițe treceți-le în revistă pe*

durata vacanței de vară sau înainte de a vă face următoarele planuri de lecție.

Dave Dunsavage (@MrDunsavage)

Pe parcursul anului școlar îmi notez aspectele care n-au mers bine, precum și ideile pe care vreau să le încerc în anul următor. Aștern pe hârtie ideile pe măsură ce îmi vin în minte, iar la începutul fiecărui an le revăd pe toate și le transpun în practică.

Rahkola Cox (@MsRahkola)

Cer ajutor sau solicit idei de la diverși profesori, de la director, de la metodist, de la inspector. Lucrez în educație de șaptesprezece ani și încă mai am de învățat de la colegii mei.

Angela Proske (@MrsAProske)

Mă străduiesc să-i observ pe ceilalți profesori cum predau. Rar ajungem să facem asta, dar este atât de motivant și de eficient!

Kathleen Décosse (@decosse_k)

Experimentez. Încerc să predau aceeași lecție în moduri cât mai variate. Și țin zilnic un jurnal cu tot ce-am făcut în oră. Îmi notez ceea ce a funcționat.

Jess Meade (@docjessm)

Îi întreb pe elevi cum decurge experiența lor de consumatori de educație și le adresez întrebări punctuale pentru un feedback substanțial.

Samantha Wasson (@SamanthaWasson_)

Mă filmez acasă predând. Îmi stabilesc dinainte obiectivul. În oră îl implementez. Apoi reflectez.

Jacquelyn Kennedy (@jackenn27)

Petreceți mai mult timp planificând fiecare oră. Puneți-vă întrebări legate de lecție, ca să ajungeți la niveluri de gândire mai profunde. Cronometrați-vă când țineți lecția. În care etapă a acesteia petreceți cel mai mult timp? Filmați-vă și autoevaluați-vă. Găsiți pe cineva care să vă evalueze atât filmulețul, cât și lecția.

David Friedli (@FriedYo)

Particip la conferințe – nu doar ascult discursuri, ci mă și implic în discuții cu alți profesori în intervalul dintre sesiuni – și facem schimb de idei.

(@annmariastat)

Reflectez, citesc cărți sau mă uit la înregistrări video ale colegilor pe care-i admir. În plus, fac sondaje în rândul elevilor și al părinților.

Jocelyn Logan (@jalogan76)

Îmi fac timp să urmăresc și să învăț de la cei mai buni profesori din școala mea sau din districtul nostru. Observ cum își construiesc ei relațiile cu elevii pe care îi avem în comun, care-i stilul lor de predare, precum și bucuria autentică pe care o au pentru a face educație. Nu există altceva mai bun.

Mitchell Pittman (@QBCoachP)

Reflectați asupra a ceea ce funcționează, dar și asupra a ceea ce nu funcționează. Învățați să folosiți tehnologia modernă. Citiți. Faceți schimb de experiență cu acei colegi cu care aveți un stil de predare asemănător. Fiți mereu pregătiți să învățați ceva nou.

Jennifer Taylor (@TaylorTaylorjen)

M-am înregistrat audio și video în timpul orei, după care m-am întrebat dacă mi-ar plăcea să particip în calitate de elev la propria mea oră – pe baza celor văzute.

Steve Nendza (@steve_nendza)

Am făcut eforturi și mi-am obținut toate gradele didactice. Nimic altceva n-a avut un impact mai profund asupra dezvoltării mele ca profesor. 100%.

(@mrscaieOHS)

Este util să vă obișnuiți cu noua tehnologie, să reflectați zilnic asupra orelor de curs, să faceți sondaje în rândul elevilor pentru a afla dacă ceea ce faceți dă roade și să-i întrebați cum puteți îmbunătăți predarea, dacă este cazul. Decideți ce sugestii puneți în practică, elaborați norme de lucru și aplicați alte metode.

Jenn Vedder (@Coachvedder_HPE)

Îi întreb pe elevi despre nevoile lor de învățare și introduc la curs soluțiile lor. Citesc, audiez emisiuni de tip podcast, cercetez. Aplic noi strategii. Evaluez. Reflectez împreună cu elevii.

Fabiola Vacatoledo (@SpanishTesorito)

Înconjurați-vă de oameni care au aceleași opinii cu privire la perfecționarea profesională. Oamenii se hrănesc cu entuziasmul celor de lângă ei. Twitter a fost un minunat exemplu în acest sens.

Sandy Batherson (@sandybatherson)

Cel mai important progres al meu vine din ceva ce mai rar avem ocazia să facem: îi urmăresc pe alți profesori cum predau. Nu mă refer la stagii de formare profesională, nici la seminare; eu chiar asist la orele altor profesori. Nu contează materia. Mă interesează stilul de predare, metodele și conexiunile pe care ei le fac.

John Mulvaney (@johnKmulvaney)

În cazul meu e vorba de comunicarea cu elevii. Îi întreb direct ce merge și ce nu. Încă de la început, stabilesc o relație de încredere. În același timp, vreau să le aflu nevoile în mod individual, astfel încât să le pot aborda mai bine.

Katia Lévy (@Frenchbiche)

Îi întreb în mod constant pe elevi ce funcționează, dar și ce nu funcționează din metoda mea. Le solicit sugestii și un feedback sincer. Fac asta în fiecare trimestru, încă de când am început să predau.

Theresa Poquis (@TPoquis)

Colaborare cu alți educatori, reflecție și feedback. Caut în mod activ idei și încerc mereu noi abordări. Rețele de formare profesională. Învăț despre elevii mei, dar și de la ei. Nu se întâmplă nimic tragic, dacă nu-mi iese bine de prima dată.

Meaghan Hegarty (@MegHegarty)

Să observi cum predau alți profesori, dar să-i rogi să te observe și ei pe tine.

Rebekah Hebert (@reb2911)

Zilnic reflectez asupra aspectelor care au decurs bine la școală, dar mă gândesc și la ce ar trebui să fac în mod diferit – în predare sau în interacțiunea cu elevii mei și cu alți profesori. Țin legătura atât cu colegii, cât și cu elevii, pentru a primi feedback, adresez întrebări și primesc sugestii. Mă concentrez asupra procesului educațional, nu asupra finalizării sarcinii.

Sherrill Hudson (@SherrillHudson1)

Din cele peste 200 de răspunsuri pe care le-am primit de la cadrele didactice, a reieșit că soluțiile predominante prin care profesorii consideră că trebuie să-și îmbunătățească practica se încadrează în următoarele categorii:

- Colaborarea cu colegii și observarea altor cadre didactice.
- Solicitarea feedbackului din partea elevilor.
- Analizarea a ceea ce a funcționat sau nu.

Deși empiric desfășurat, din ceea ce am observat eu timp de douăzeci de ani în calitate de manager educațional, feedbackul este într-adevăr folositor.

Trebuie precizat că angajamentul profesional al unui cadru didactic de a-și perfecționa arta nu ilustrează o ambiție generată de ego, ci provine din misiunea sa de educator. Profesorii desăvârșiți nu-și doresc această îmbunătățire pentru propria satisfacție. Motivația lor este aceea de a fi mai buni pentru elevii lor. În cea mai apreciată carte a sa, *What Great Teachers Do Differently*, Todd Whitaker scrie: „Profesorii desăvârșiți au mari așteptări de la elevi, dar chiar și mai mari de la ei înșiși.“ Un pedagog adevărat se menține permanent la un nivel înalt și demonstrează un angajament neobosit de a fi mai bun mâine decât a fost azi.

Întotdeauna mi-am dorit să știu mai multe, atât în calitate de profesor, cât și de om care învață încontinuu. Cei cu care stau de vorbă își imaginează că, dacă am un doctorat în biochimie, asta înseamnă că sunt superinteligentă și „știu totul“. Nu e chiar așa. În timpul doctoratului am învățat multe despre o foarte specifică parte a biochimiei și, important de știut, am fost foarte perseverentă. Deși, cu timpul, am descoperit că, pe măsură ce avansam în cercetare, mi se părea că știu parcă tot mai puține... Apăreau întotdeauna întrebări mai interesante, care așteptau să-și găsească răspuns. Iar în cercetare, cu cât faci mai multe conexiuni între idei, cu atât apar mai multe întrebări. Prin urmare, cum reușești să rămâi pe linia de plutire în acest tot mai adânc ocean de întrebări? Concentrându-te asupra a ceea ce ai decis că este esențial în programa școlară. Ca doctor în științe, devenită ulterior profesoară de chimie pentru elevii din programul Advanced Placement, m-am concentrat asupra dezvoltării unui revoluționar program de laborator. Știu din propria cercetare că tehnicile specifice de laborator sunt utile în facultate și în cariera științifică. Am avut grijă să fac legătura între fiecare tehnică folosită și informațiile pe care poate să le genereze, dar și între analiza datelor și concluziile care se pot extrage. Mi-am consolidat programul de laborator prin participări la activitățile de perfecționare profesională de înaltă calitate: cursuri de vară de tipul Advanced Placement la diverse institute de chimie, conferințe în domeniul chimiei (printre care ChemEd), precum și seminare ale Societății Americane de Chimie în cadrul convențiilor NSTA.

Katie Scheirer, profesoară

Mă interesează evoluția și perfecționarea profesională fiindcă îmi doresc să acumulez noi experiențe. Cele mai facile căi de dezvoltare se află, de obicei, în clasa mea sau în apropiere. Fac câteva inovații la fiecare unitate de învățare; uneori sunt nevoit să revin la ceea ce mi se pare confortabil, dar în cea mai mare parte a timpului reușesc să impun mici schimbări pentru ca lecția să fie cât mai relevantă. Îmi aloc timp să reflectez în mod planificat la lecțiile mele, iar asta îmi permite de obicei să transform chiar și cele mai incredibile eșecuri în profunde experiențe educaționale – atât pentru mine, cât și pentru viitorii mei elevi. N-ar fi fost posibil, dacă n-aș fi încercat ceva nou de fiecare dată. De asemenea, atunci când colegii mei și cu mine discutăm despre o lecție obișnuită, le ascult succesele și eșecurile, demers care mă ajută să-mi adaptez propriile cursuri. În timpul perioadei de planificare, măcar o dată pe lună, vizitez o clasă în care se predă o altă materie. Am observat că alți profesori își rezolvă problemele și își gestionează clasele în maniere diferite, de-a dreptul unice, în comparație cu metoda mea sau cu acele metode pe care le-am observat în mod normal la cei care gândesc ca mine. Mă străduiesc să particip în fiecare an la cel puțin două conferințe de dezvoltare profesională din domeniul meu. Îmi place să merg singur, mai ales acolo unde particip pentru prima dată, fiindcă sunt multe șanse să întâlnesc oameni noi și să le aflu părerea asupra predării unui anumit conținut. Chiar și atunci când repet experiența, constat că am de câștigat mai mult din întâlnirile de grup decât din discursuri, pentru că în general publicul e diferit. În mod normal, mă duc împreună cu un coleg, pentru a putea face schimb de opinii mai târziu.

Josh Elliot, profesor

Colaborarea dintre profesori are loc atunci când aceștia lucrează împreună pentru atingerea obiectivului comun: acela de a intensifica procesul de învățare al elevilor prin împărtășirea ideilor. Cooperarea contează, întrucât contribuie la realizarea unei planificări mai eficiente și mai riguroase a lecțiilor. Când profesorii fac schimb de experiență, ei ajung să predea lecții mai bune, capabile să-i provoace pe elevi să gândească în moduri noi și interesante. Am descoperit că, atunci când colaborez cu colegii mei, mințile noastre încep să strălucească. Pe baza acestui schimb de idei reușim noi să predăm cele mai bune lecții. Am înțeles că tot cooperarea duce la crearea unui mediu în care profesorii au o responsabilitate comună pentru educarea elevilor. Ceea ce vreau să spun este că noi suntem responsabili pentru succesul tuturor copiilor. Trebuie să privim dincolo de orele și de clasele noastre și să învățăm să ne bucurăm atât pentru fiecare în parte, cât și pentru toți – ca o echipă. Din colaborarea colegilor se dezvoltă, totodată, încrederea și relațiile interumane. Atunci când lucrați în echipă, bine-ar fi să recunoașteți ce anume a funcționat pentru voi, dar și ce nu a funcționat. Colaborarea e necesară, dacă vreți să dați tot ce aveți mai bun. Cu alte cuvinte, trebuie să fiți cinstiți și transparenți cu voi înșivă. Este firesc să recunoașteți când o anumită oră nu a decurs prea grozav și să le solicitați sugestii acelor colegi care s-ar putea să fi avut mai mult succes în predarea unei lecții. Eu ador să primesc feedback de la colegi, în legătură cu reușitele și eșecurile lor în predarea unei lecții. Asta e mărturia faptului că suntem cu toții de aceeași parte a baricadei și că nimeni nu-i perfect, nici măcar profesorii.

Lakesha Fleming, profesoară

Partea a II-a

A doua dimensiune: perspectiva relațională

5

Menirea cadrului didactic

„Oamenii nu se lasă convinși de ceea ce faci, ci de motivul pentru care o faci.“ Acest cunoscut citat din Simon Sinek se referă la impactul pe care-l are misiunea cuiva asupra altora. În cartea sa de succes *Start with Why**, Sinek dezvoltă conceptul Cercului de Aur pentru a explica tiparul prin care poate fi influențat comportamentul uman. Cercul de Aur reprezintă o imagine care conține trei cercuri concentrice – unul mic, unul mijlociu și unul mare.

Autorul susține că majoritatea companiilor comunică cu clienții lor explicându-le *ce* fac, *cum* fac și *de ce* fac acel lucru – exact în această ordine. Însă cartea sa pleacă de la premisa că cele mai de succes companii comunică din interior spre exterior. Companiile care „încep cu *de ce*“ inspiră cea mai mare fidelitate, deoarece rămân centrate pe valorile lor fundamentale. Această abordare stabilește o conexiune emoțională cu clienții, rezonând

* *Începe cu de ce*, apărută în traducere la Editura Publica, București, 2018. (N. tr.)

cu ei la nivel lăuntric. Altfel spus, autorul afirmă că toate companiile ar trebui să caute să câștige inima clienților, înainte de a le câștiga mintea. Deși cartea lui Sinek are la bază modelul corporatist, părerea mea este că principiul se poate aplica și în educație. Să vedem care ar fi Cercul de Aur al profesorilor:

- Cercul exterior (care îl include pe „ce") ar putea fi: *Predarea științelor naturii la clasa a III-a.*
- Cercul mijlociu (care îl include pe „cum") ar putea fi: *Folosirea strategiilor și activităților pedagogice bazate pe cercetare.*
- Cercul mic (care îl include pe „de ce") ar putea fi: *Schimbarea destinului unui copil* sau *Descoperirea pasiunilor fiecărui elev* sau *Crearea unui viitor mai luminos pentru generația următoare.*

Exact așa cum Sinek susține că acele companii care își promovează valorile și pornesc de la țelul propriu reușesc să-și inspire clienții, la fel susțin eu că acei profesori ce rămân loiali menirii proprii au cele mai multe șanse de a-și inspira elevii. În introducerea cărții *Kids Deserve It!*, Todd Nesloney și Adam Welcome scriu așa: „Nu banii îi motivează pe oameni să-și aleagă o carieră în educație. Ei o aleg pentru că vor să facă diferența – adică să schimbe vieți și să transmită înțelepciune viitoarelor generații."

Sper că acest capitol le va reaminti profesorilor care este adevăratul lor rol în educație, dar și că va evidenția în linii mari misiunea principală pe care o au aceștia în clasă. Cred cu tărie că profesorii care își amintesc „de ce"-ul propriu au cel mai mare impact asupra elevilor și sunt cei mai împliniți în profesie.

Eu nu mi-am dorit dintotdeauna să fiu profesor. În 1988, când am început facultatea, principalul meu domeniu de studiu era sociologia. Eram atras de asistența socială; mai exact, intenționam să devin consilier de probațiune. Dar mi-am schimbat domeniul principal de studiu, alegând educația, pe când eram la jumătatea anului II, după ce am ascultat o înregistrare din 1986 a lui Guy Doud, care fusese distins cu titlul de Profesorului Anului în SUA. În discursul respectiv, el împărtășea câteva experiențe școlare dureroase din propria copilărie și vorbea despre rolul decisiv pe care l-au avut câțiva profesori de-ai lui, care l-au încurajat și l-au susținut în timpul școlii. Discursul său tulburător m-a emoționat profund, așa că l-am ascultat de mai multe ori. Am fost mișcat de ardoarea lui și de forța cu care vorbea despre relația elev–profesor. Acea înregistrare memorabilă m-a inspirat să devin profesor. Voiam și eu să schimb ceva în lume!

Din perioada în care am lucrat ca profesor debutant de liceu într-un cartier sărăcăcios, îmi amintesc o discuție purtată la una dintre clasele mele – despre visuri, ambiții și țeluri în viață. Și țin minte un comentariu făcut de un tânăr pe nume Antonio, care m-a luat pe nepregătite. Referindu-se la zona în care locuia, a exclamat: „Eu știu deja că o să trăiesc aici pentru tot restul vieții." A chicotit ca după o replică bună; și alți elevi au râs. Din comentariul lui se vedea clar ce gândește: restul clasei își face iluzii. Le vorbeam, așadar, despre visuri nerealiste și intangibile. Acela a fost un moment de profundă tristețe pentru mine.

După câțiva ani, m-am întâlnit cu o fostă elevă de la aceeași școală și, în cursul conversației, mi-a amintit același adevăr care mă devastase în primul meu an de profesorat. Unii copii n-au nicio speranță că situația lor va fi vreodată mai bună. Nimeni din familia lor n-a mers vreodată la facultate, așa că ar fi nerealist să creadă că ei ar putea face asta. Ei nu percep educația ca pe o „soluție“, tocmai pentru că nu l-a ajutat pe niciunul dintre prietenii sau membrii familiei să scape de sărăcie.

Dacă predați într-o zonă bogată, dinamica va fi oarecum diferită. Dar asta nu înseamnă că acolo veți găsi mai multă *speranță*. Este posibil să aveți elevi care se luptă cu depresia, cu tulburările de alimentație, cu abuzul de substanțe sau cu anxietatea. Unii suferă din cauza neglijării emoționale de care au parte acasă. Lor nu le lipsesc bunurile materiale, dar nu se simt iubiți. Sunt copii care, după toate aparențele, vin din familii cu posibilități financiare solide și, cu toate acestea, nu sunt fericiți. Nici ei nu-și pot imagina împrejurările în care viața lor s-ar putea schimba, astfel încât să devină mai frumoasă. Nici ei nu văd o cale de ieșire din această situație.

În calitate de educatori, noi nu predăm doar niște lecții și atât; noi îi educăm pe copii. Vrem să creăm perspective mai luminoase pentru elevii noștri, dar mai întâi trebuie ca ei să-și imagineze acel viitor. Profesorii au capacitatea de a le oferi elevilor ceva mult mai valoros decât note bune în carnet. Ei le pot dărui acestora speranță. Cei mai mulți copii nu-și dau seama cât de mare le este potențialul. Acolo trebuie să intre în acțiune profesorii. Rolul lor este să-i încurajeze vorbindu-le despre posibilități, să le insufle credința că pot realiza mai multe decât și-au imaginat vreodată.

Plăcuța motivațională

În calitate de tânăr director adjunct, am fost responsabil, printre altele, cu disciplina. Iar sesizările disciplinare păreau că nu se termină! Ai fi zis că biroul meu e o ușă rotativă, iar eu, nimic altceva decât un agent constatator care aplică pedepse. Dar voiam mai mult de atât. Îmi doream ca interacțiunea mea cu elevii să aibă un alt sens.

Așa mi-a venit în minte tradiția potrivit căreia sportivii dintr-o echipă ating o plăcuță cu un mesaj pe ea, înainte de intrarea pe teren. Fratele meu, care a fost student la University of Notre Dame, le-a dat fiilor mei o copie a plăcuței care atârna în vestiarul echipei lor de fotbal. Ea are inscripționat mesajul următor: „Joacă astăzi ca un campion!" Mesajele de pe astfel de plăcuțe sunt motivaționale, menite să inspire, să încurajeze și să insufle încredere.

Așadar, m-am întrebat: „De ce să nu am și eu o asemenea plăcuță în birou?" Așa că am trimis un e-mail personalului didactic și le-am solicitat tuturor feedback: „Dacă elevii ar atinge o astfel de plăcuță înainte de a ieși din biroul meu ca să se întoarcă în clasele voastre... ce text ați dori să conțină?" Și iată care a fost rezultatul:

Eu sunt schimbarea!

Plăcuța a fost confecționată la ora de tâmplărie, apoi atârnată deasupra ușii biroului meu. De-a lungul anilor m-am străduit să cultiv, în rândul elevilor, tradiția de a atinge semnul. Din punctul meu de vedere, acesta e supremul mesaj motivațional pentru elevii noștri: ceva care le transmite că pot alege să nu fie victime ale contextului în care se găsesc. Voiam ca elevii noștri să înțeleagă că factorul determinant e reprezentat de comportamentul și atitudinea lor, oricare ar fi fost situația.

De asemenea, i-am încurajat și pe profesori să atingă plăcuța. Voiam să-și reamintească rolul esențial pe care *ei* îl au. *Ei* reprezintă schimbarea în clasa lor. *Ei* reprezintă schimbarea în școala noastră. *Ei* reprezintă schimbarea pentru elevii noștri! Timp de un an, toți membrii personalului didactic au purtat brățări cu textul: „Eu sunt schimbarea." Ba chiar și pe un tort am scris același mesaj, cu prilejul unei aniversări la care a participat întregul corp profesoral. A fost o temă pe care am pus accentul permanent în rândul profesorilor. Am vrut ca ei să nu mai uite vreodată de potențialul lor de a fi agenți ai schimbării pentru elevii lor.

Peretele cu visuri

Cu câțiva ani în urmă, am agățat o tablă albă mare pe unul dintre holurile principale ale școlii noastre. (De fapt erau două plăci de duș – de 1,2 m × 2,4 m – pe care tehnicianul nostru de întreținere le îmbinase.) L-am botezat „Peretele cu visuri" și le-am cerut, pe rând, tuturor elevilor să-și scrie visul pe acea tablă. Apoi le-am recomandat profesorilor să se oprească periodic și să citească măcar câteva dintre visuri, când trec prin dreptul acelui perete, în drumul lor spre clase.

În calitate de educatori, noi ne concentrăm asupra performanței elevului și a evoluției sale școlare. Este bine, însă nu cred că au intrat prea mulți dintre noi în sistemul de educație cu gândul la notele din teste. Am devenit profesori fiindcă avem țelul de a genera o schimbare pentru elevi. Vrem să le influențăm traiectoria vieții. Vrem să contribuim la crearea unui viitor mai luminos pentru ei. Vrem să-i inspirăm și să-i stimulăm să-și urmeze visurile.

Acel perete a surprins nu doar aspirațiile de carieră ale elevilor noștri, ci mult mai multe. A pus în lumină sensibilitatea multora dintre ei. Iată cum sunau unele dintre visurile lor:

- „Vreau să fiu mai bun la matematică!"
- „Visul meu este să fiu o mamă iubitoare."
- „Sper ca sora mea să iasă cu bine din serviciul Forțelor Aeriene."
- „Îmi doresc să fac un lucru care să însemne ceva pentru oameni."
- „Visul meu este să studiez la Paris și acolo să trăiesc primul sărut."
- „Visez ca lumea să asculte cu interes ceea ce spun."
- „Îmi doresc ca tata să iasă din închisoare."

„Peretele cu visuri" ne-a ajutat să ne menținem focalizați asupra menirii noastre. Ne-a amintit că elevii noștri au pasiuni și zbateri interioare despre care adulții din școală știu prea puțin. A fost un memento al motivului pentru care ne ducem zi de zi la serviciu.

Chipuri în loc de numere

Primăvara trecută, mi-am făcut apariția din când în când la ședințele de catedră pe care le țineau în școală profesorii de limbă și literatură, dar și cei de matematică.

Într-un astfel de caz, cei de literatură au început cu o rapidă trecere în revistă a documentelor. Învățaseră să-și gestioneze informațiile online (adică să le sorteze și să le filtreze) pentru a le face „mai accesibile pentru profesori". După actualizarea cunoștințelor despre Google Sheets, au analizat modul în care s-au descurcat elevii lor la testele standardizate. În funcție de rezultate, au împărțit elevii în patru grupe diferite: „excepționali", „performanți", „corespunzători" și „în situație de ajutor". După asta, profesorii au analizat rezultatele recentelor evaluări periodice standardizate, pentru a stabili felul în care elevii reușesc să atingă obiectivele esențiale de învățare.

Întrucât testele standardizate de la matematică aveau aceleași întrebări ca în ultimii trei ani, profesorii au fost în măsură să evalueze cum se descurcă generațiile de elevi de-a lungul mai multor ani. O asemenea analiză aprofundată ajută cadrele didactice să-și dea seama cum să-și adapteze orele în următoarele luni, dar și căror elevi este necesar să le atribuie anumite sarcini de lucru. În asta constă, de fapt, esența „evaluării formative". Iar profesorii din școala mea s-au implicat în mod strălucit.

La fiecare astfel de ședință, am fost mândru de maniera în care au fost gestionate informațiile, scopul profesorilor fiind stimularea interesului elevilor și creșterea eficienței la clasă. Dar în sinea mea, urmăream ca ei să nu uite niciun moment că, în realitate, nu-i vorba despre cifre, ci despre ființe. Și m-am bucurat mereu să văd că profesorii își notează numele elevilor care se află în situații speciale. Ei admiteau astfel că nu lucrează cu simple numere, ci cu persoane.

E ușor să cădem în capcana statisticilor, dar trebuie să ținem seama de faptul că nu analizăm „coordonate educaționale", ci educăm copii cu personalitate. Fiecare căsuță din centralizatorul unui profesor reprezintă un elev – și întregul său potențial. Analiza datelor este utilă, însă nu trebuie să pierdem niciodată din vedere ce anume reprezintă acele informații.

Povestea lui Brayden

După cum am menționat mai devreme, unul dintre proiectele mele preferate a fost „Peretele cu visuri". Eram încântat să-i conduc pe vizitatori să-l vadă. Voiam ca toți să remarce aspirațiile formidabililor noștri elevi. Și, așa cum am menționat, îmi doream nespus ca profesorii să se oprească fie și numai câteva clipe în fața acelui perete, ca să-și reamintească propriul „de ce". Peretele cu pricina ilustra o trăsătură înălțătoare a școlii noastre și era, în mod evident, un motiv de mândrie.

Ziua în care elevii și-au scris pentru prima dată visurile pe perete a fost una dintre cele mai frumoase din viața mea. Asta se întâmpla în urmă cu câțiva ani. Însă chiar în acea zi specială, tocmai când mă îndreptam spre casă, am primit un mesaj pe telefon de la una dintre profesoare. Atașase o fotografie cu unul dintre visuri și mă prevenise concis: „Ar trebui să ne ocupăm de problema asta."

Vă puteți imagina cocteilul de emoții care m-au inundat, când am văzut cum suna unul dintre visuri:

„Să fiu în Canada, foarte departe de această școală proastă!"

Vă mărturisesc că prima mea senzație a fost de furie. Cum îndrăznea un puști obraznic să scrie ceva negativ pe peretele nostru „inspirațional“?! Imediat după asta, mi-a trecut prin cap cu groază gândul că, poate, cultura școlii noastre nu e atât de grozavă pe cât credeam eu. Și, instantaneu, m-a copleșit tristețea când m-am întrebat cum a putut ajunge cineva să nutrească un asemenea vis. Ce l-ar fi putut determina pe un copil de maximum 11 ani să scrie așa ceva? Poate că... în prima zi de școală, un profesor l-a făcut de râs, iar el n-a mai putut ulterior să depășească momentul. Poate că... alți copii l-au intimidat pe coridor. Poate că... nu avea niciun prieten care să-i țină companie în cantina școlii.

Răsuceam în minte astfel de scenarii și niciunul nu-mi suna bine. Nu-mi dădeam seama din ce parte să abordez problema. Ceea ce știam cu certitudine era că trebuie să stau de vorbă cu acel copil.

Numele lui era Brayden. L-am chemat în birou și, după o scurtă discuție amicală, am intrat în subiect. L-am întrebat de ce dorește să părăsească „această școală proastă“. Mă așteptam să-mi spună că profesorii fuseseră duri cu el sau că fusese hărțuit de alți copii. Dar nu era nimic din toate astea. Mi-a răspuns hotărât că sunt prea aglomerate coridoarele. Considera că sunt prea mulți elevi în școală. I-am răspuns: „Bine, Brayden, înțeleg. Coridoarele noastre sunt cam aglomerate anul acesta. Așa e, s-au înscris în plus o mulțime de elevi, dar nu prea am ce face în cazul ăsta. Îmi pare rău, prietene...“

Așadar, motivul invocat de el nu se referea la ceva ce putea fi „reparat“ la nivel personal. Iar sentimentele lui cu privire la școala noastră nu erau atât de negative pe cât îmi închipuisem. Nici nu vă imaginați cât de ușurat m-am simțit!

Dar tot trebuia să aflu care era visul lui, așa că i-am zis: „Totuși, Brayden... n-ai vrea să-mi spui care-i visul tău adevărat?" Răspunsul lui m-a uimit.

„Vreau să fiu profesor de literatură pentru clasa a V-a."

Eram năucit. L-am privit neîncrezător: „Prietene! Ăsta este cel mai grozav vis pe care l-am auzit vreodată!" Pur și simplu, am sărit de pe scaun ca să bat palma cu el. L-am întrebat apoi dacă ar fi fost dispus să-și scrie noul vis pe perete – și a acceptat.

În calitate de director, trebuia să știu ce se află în spatele acelui vis. Dorința unui băiat de clasa a VI-a de a preda literatură la clasa a V-a nu putea fi întâmplătoare. Trebuia să descopăr cine îi fusese profesor de literatură în anul anterior, întrucât intuiam că acelui dascăl i-ar fi plăcut să afle povestea. La urma urmei, nu cred să existe un omagiu mai însemnat în cinstea unui profesor.

Am reușit să aflu – era o profesoară. Se numea Katy, iar anul în care îi predase lui Brayden fusese primul ei an în învățământ. I-am relatat povestea și i-am mulțumit pentru influența pe care o avusese asupra băiatului. I s-au umezit un pic ochii în timp ce asculta, iar când am încheiat, răspunsul ei m-a surprins. A zis: „N-am crezut că-i place școala și n-am crezut că-i place ora mea; de fapt, am fost convinsă că nici măcar nu-i place să citească."

Prin urmare, de ce este importantă această poveste pentru mine și de ce o împărtășesc aici? Pentru că ea subliniază potențialul pe care profesorii îl au: acela de a schimba viața elevilor lor. Povestea lui Brayden ne arată că nu știm niciodată cât de departe ni se poate extinde influența. Uneori, elevii par să nu asculte. Alteori, par dezinteresați. Dar influența profesorului se manifestă oricum. Impactul său este real. Și s-ar putea să nu afli niciodată în ce fel ai schimbat soarta unui copil sau cum i-ai modelat traiectoria vieții.

În cartea *Drive. The Surprising Truth About What Motivates Us**, Daniel Pink susține că cercetările au indicat trei factori ce alcătuiesc motivația umană: *autonomia* (măsura în care cineva deține control și are putere de decizie asupra muncii sale); *măiestria* (măsura în care cineva se simte competent și instruit pentru munca pe care o face); și *scopul* (măsura în care cineva găsește sens și semnificație în munca sa). Autonomia este dependentă în mare măsură de cultura organizațională și de administrația școlii. Măiestria se referă la discuția din Capitolul 4 și la angajamentul cadrului didactic față de perfecționarea sa profesională. *Scopul* a reprezentat tema acestui capitol.

Pink afirmă că „oamenii cei mai motivați (ca să nu mai vorbim despre cei cu adevărat productivi și satisfăcuți) își aliniază dorințele la o cauză care îi transcende". Profesorii desăvârșiți nu-și uită cauza. Ei sunt permanent conștienți de menirea lor și de impactul pe care îl au asupra elevilor. Asta îi inspiră să exceleze în munca lor și să depășească obstacolele.

Nu am nicio îndoială că noi, pedagogii, ne alegem această profesie pentru că ne dorim să influențăm destine, să schimbăm lumea. Însă după asta intrăm în clasă

* *Drive: Ce anume ne motivează cu adevărat*, apărută în traducere la Editura Publica, București, 2011. (N. tr.)

și, când ne dăm seama că profesia aleasă este întruchiparea tuturor dificultăților, ne simțim striviți de ea. Iar apoi fie demisionăm, fie rămânem în clasă așteptând calmi să treacă timpul până la pensie, fie acceptăm că, deși această profesie este dificilă, știm că ne putem descurca și hotărâm să schimbăm lumea orice-ar fi. Foarte curios, elevii se plâng adesea de profesorii indiferenți, adică cei care nu le dau de lucru. Poate că la orele acestora elevii se bucură să moțăie, dar cu siguranță nu-i vor vizita peste ani ca să le spună ce au făcut cu viața lor. Profesorii devotați nu lasă provocările să-i înfrângă. Ei știu că în joc sunt viețile multor copii și realizează ce schimbare importantă pot determina în viitorul acestora, așa că pur și simplu se străduiesc mai mult, se implică mai profund și luptă cu mai multă hotărâre. Ei știu că „a schimba lumea" presupune și altceva în afară de sânge, sudoare și lacrimi, prin urmare își iau inspirație din menirea lor – aceea de a insufla pasiune și bucurie elevilor care, poate, nu au cunoscut vreodată astfel de emoții (chiar și celor nerespectuoși, pe care ajungi mai greu să-i îndrăgești). Iată diferența dintre profesorii care fac zilnic eforturi să exceleze în profesie și cei care doar trag de timp până la pensie.

Jake Huggins, profesor

Mereu mi-am dorit să devin profesoară. Pe când eram doar o fetiță, mă jucam de-a școala cu frații și cu verii mei. Întotdeauna eu eram profesoara, iar ei, elevii. Chiar din prima zi a clasei I, i-am spus mamei că, atunci când o să mă fac mare, o să fiu profesoară. Pasiunea și dorința mea de a preda nu s-au estompat niciodată, căci au fost legate de credința în menirea mea. M-am gândit că Dumnezeu nu mi-a dat degeaba niște aptitudini și talente, ci fiindcă tocmai așa puteam să mă pun în slujba altor ființe umane. Astfel am știut, încă de la o vârstă fragedă, că acesta este țelul meu. Fie că povestea voastră seamănă cu a mea (și ați știut mereu că vreți să deveniți profesori), fie că ați luat această hotărâre mai târziu în viață (și poate că sunteți la a doua carieră), toate poveștile din seria „De ce am ales să fiu profesor" sunt relatări remarcabile, care includ în general și punctul culminant în care ați decis să fiți schimbarea din viața elevilor. De-a lungul carierei mele, am înțeles că, în fapt, niciodată nu-ți uiți menirea. Profesia de pedagog pare uneori copleșitoare – cauze fiind birocrația, ordinele de ministru, evaluările standardizate, colaborarea cu colegii, discuțiile cu părinții și, bineînțeles, munca efectivă din timpul orelor (ca să enumăr doar câteva). Însă țelul vostru generează energia din spatele activităților pe care le faceți zilnic. Este ceea ce vă face să mergeți mai departe, așa că nu puteți să-l pierdeți din vedere. În zilele în care eu mă simt obosită și morocănoasă, mă întreb: „Cum aș dori să fie tratați astăzi propriii mei copii de către profesorii lor?" Răspunsul este mereu același: „Vreau ca ei să aibă o zi minunată, alături de profesori grijulii, înțelegători și bine pregătiți. Îmi doresc ca dascălii să fie dispuși să le aloce timp atunci când nu înțeleg ceva și să se asigure că progresează – adică să fie adulți entuziaști și să se bucure că au ocazia de a-și face meseria în fiecare nouă zi." De-a lungul anilor, am descoperit că există două obiective care derivă din menirea mea. Pe de-o parte, e vorba de crearea unor legături emoționale cu elevii. Iar dacă reușești să faci asta, înseamnă că ai pus bazele unui mediu în care copiii se simt în siguranță și vor fi suficient de liniștiți pentru a se putea concentra pe învățat. Elevii trebuie să simtă că profesorului îi pasă de ei. Pe de altă parte, profesorii nu trebuie să uite niciodată că țelul lor suprem este ca elevul să învețe. Vrem ca elevii să progreseze și să aibă succes, pentru că ținem la ei. Având zilnic în minte acest al doilea obiectiv, profesorii sunt realmente capabili să schimbe viața elevilor. Iar schimbarea aceasta reprezintă de obicei unul dintre motivele pentru care oamenii își doresc să fie profesori.

Neely Woodley, educator

6

Cunoașterea elevilor

Când ne gândim la elevi, ar trebui să avem în vedere analogia cu un aisberg. Un vapor care întâlnește un aisberg în Atlanticul de Nord vede doar vârful acestuia. Dar sub luciul apei se ascunde o cantitate masivă de gheață. Cea mai mare parte a aisbergului de fapt nu se vede, însă în mod evident este acolo.

În timpul facultății, am scris un eseu intitulat „Sunt mai mult decât se vede". Orice tânăr l-ar fi putut scrie în locul meu. Ceea ce vedem în clasă este doar „vârful aisbergului". Fiecare copil are o poveste și este important ca profesorii să-și facă timp s-o descopere. Așa cum remarca Whitaker în 2020, „când crește sensibilitatea unui profesor față de elevi, cresc și șansele de a interacționa cu ei și de a-i înțelege". Aceasta e tema capitolului de față – cât de important este ca profesorii să-și înțeleagă elevii (să le cunoască pasiunile, visurile și dificultățile).

„Cam 10-15“

Să-l numim John pe copilul despre care vă voi povesti acum. Cu câțiva ani în urmă, pe când eram director adjunct, John a fost prins cu o pungă de marijuana. Această infracțiune i-a adus o ședere de 45 de zile într-o școală alternativă. Nu-l cunoșteam prea bine pe John (era relativ nou în școala noastră), dar știam că, odată plecat, nu-l mai puteam influența deloc. Așadar, am hotărât să port o discuție cu el. Uneori, când încerc să relaționez cu un elev, îl iau la o plimbare prin campus. În acea zi, m-am așezat împreună cu John la o masă de picnic din apropierea stadionului. Am început astfel: „John, câți prieteni ai tu în afara școlii?“ Mi-a răspuns scurt: „N-am prieteni; am cunoștințe.“ I-am răspuns: „Bine, cunoștințe. Cu câte cunoștințe te întâlnești?“ A zis: „Cam 10-15.“ Apoi l-am întrebat: „Dintre acești 10-15 amici, despre câți ai spune că fumează marijuana?“ Mi-a replicat direct: „Cam 10-15.“

Atunci mi-am dat seama de două lucruri. Primul, acest puști n-avea nicio șansă, câtă vreme nu-și făcea un nou grup de prieteni. Al doilea, pentru adulți este aproape imposibil să contracareze singuri influența resimțită de un tânăr din partea celor de aceeași vârstă cu el. John putea să aibă cei mai înțelegători profesori din lume. Puteau fi modele demne de urmat, adulți care să țină la el și să se străduiască să-l motiveze în luarea unor decizii bune în viață. Numai că, atunci când suna clopoțelul la ora 15.00 ca să anunțe sfârșitul orelor, mesajele pozitive pe care John le auzea în școală erau iute reduse la tăcere de influențele de pe străzile din cartierul lui.

Noi ne dorim ca tentații precum drogurile să fie respinse de copii, pentru că le putem deschide calea spre o cu totul altă lume. Dar dacă ei își imaginează că această lume mai bună nu există?! Dacă întregul lor univers e definit de omniprezența marijuanei și de tot ceea ce implică drogurile?

În calitate de educatori, trebuie să fim permanent atenți la influențele cărora le pot cădea pradă elevii în afara clasei. Ei resimt adesea presiuni din toate părțile – de la grupurile de prieteni, din social media și uneori chiar din căminul părintesc. Este important ca profesorii să țină seamă de felul în care aceste influențe modelează personalitatea elevilor, dar și de modul cum se manifestă ei în clasă.

Fata cu părul roșu

Era pur și simplu sfidătoare. Știam că, la un moment dat, va trebui s-o suspend. Avea șuvițe de păr roșu aprins – un roșu ca al mașinii de pompieri. Conduceam un liceu mare, ce număra peste 1 800 de elevi, dar eu îmi petreceam mult timp pe coridoare, așa că nu puteam să n-o observ. Am avertizat-o de câteva ori că trebuie să-și schimbe culoarea părului, întrucât codul nostru de conduită nu permite „o culoare nenaturală a părului“. După ceva timp, am observat că, în continuare, părul ei avea aceeași culoare. Ca manager cu experiență, știu că există probleme de viață mult mai dificile, așa că mă feresc să merg până-n pânzele albe când e vorba doar de încălcarea codului vestimentar. Însă, în același timp, eleva respectivă părea că mă sfidează.

Prin urmare, am abordat-o într-o pauză, în timp ce se muta într-o altă clasă. I-am spus că nu vreau s-o exmatriculez, însă pare că disprețuiește codul nostru de conduită și consider că nu-mi lasă nicio altă opțiune. Apoi n-am făcut decât s-o întreb: „Ce se întâmplă cu tine?“ Pe loc i s-au umezit ochii. Cred că s-a simțit rușinată că primește observație. (Nu ne făcuse niciodată probleme, nu fusese niciodată pedepsită și, în afara culorii părului, trecea complet neobservată.) Atunci a început să-mi vorbească despre drama personală pe care o trăia acasă. În cele din urmă, a zis ceva care mi-a tăiat respirația: „Domnule Steele, mă simt de parcă singurul lucru din viața mea pe care-l pot controla e culoarea părului meu.“

Un astfel de moment nu poate fi uitat. În timp ce scriu aceste cuvinte, ochii îmi sunt plini de lacrimi. Mă gândesc la disperarea acelei tinere, dar și la viața pe care o duc mulți dintre elevii noștri, la dificultățile cu care se confruntă nenumărați copii – probleme total necunoscute adulților din școală. După ce i-am aflat povestea, preocuparea mea pentru culoarea părului a părut dintr-odată lipsită de sens.

Știu că avem nevoie de reguli. Știu că elevii trebuie trași la răspundere, dacă nu le respectă. Sunt de acord cu asta. Dar este esențial să ne facem timp să ascultăm și, de fapt, *să simțim* poveștile copiilor. Nu ne vom înțelege niciodată cu adevărat elevii, dacă nu ne vom opri să-i ascultăm cu inima deschisă. Totuși, nu-i suficient doar să le ascultăm poveștile; trebuie să ne și pese. Iar când ne pasă, perspectiva ni se schimbă complet. În astfel de momente, putem crea conexiuni cu elevii noștri; îi putem influența. În astfel de momente, noi, profesorii, avem șansa de a schimba ceva în ființa lor.

Lumi în conflict

Acum câțiva ani, pe când eram director adjunct, îmi amintesc clar cum mi-am petrecut o oră vorbind cu unul dintre elevii noștri de 18 ani. Crescuse într-un cartier sărac, însă, ca urmare a unor circumstanțe favorabile, în ultimii ani frecventase un liceu bogat dintr-o suburbie în care majoritatea elevilor erau caucazieni. Prin urmare, avusese o mulțime de probleme în timpul școlii. Totuși, fusese inclus pe lista absolvenților din acel an. Cu o săptămână în urmă, își enervase profesoara pentru că nu se prezentase la testarea ACT*, la care ea îl ajutase să se înscrie. În cele din urmă, a ajuns în biroul meu fiindcă el și profesoara se certaseră foarte rău.

Când l-am întrebat de ce nu s-a prezentat la test, a recunoscut într-un final că nu vrea să meargă la facultate pentru că îi este teamă. (Rețineți că nimeni din familia lui nu fusese vreodată la facultate, ba unii nu absolviseră nici măcar liceul.) I-am explicat că educația lui și ajutorul dat de profesori i-ar permite să aibă o altfel de viață. Mi-a răspuns că *nu vrea* o viață diferită. Mi-a spus foarte limpede că nu s-ar simți bine niciodată în lumea clasei *mele* de mijloc: „Domnule Steele, vă spun sincer... Dacă aș ajunge acum cel mai bogat om din lume, aș construi o casă uriașă exact în mijlocul pădurii... Pentru că acolo mă simt eu cel mai bine!“

* American College Test – testul de admitere în colegiile americane. (N. tr.)

Mi-a declarat ferm convins că niciunul dintre profesori nu și-ar putea imagina cum este să fii în situația lui. Și că el însuși s-ar speria de moarte, dacă ar trebui să parcurgă un kilometru în pantofii mei de „clasă medie". I-am replicat că orice schimbare este posibilă, că eu sper să aleagă drumul pe care și-l dorește cu adevărat și că înțelept ar fi să nu-și bazeze deciziile pe frică. Ne-am îmbrățișat și am plâns amândoi. Probabil că nu a fost profesionist din partea mea. Dar nu mi-a păsat.

O viață grea

Îmi amintesc că, la începutul carierei mele de manager, mă nemulțumea comportamentul unui băiat de 16 ani pe nume Cedric. Era sfidător, agresiv și părea că n-are niciun respect față de autoritate. Veșnic era impertinent și își păstra masca de dur inclusiv față de mine – fără nicio problemă. Am putea spune că era „dificil". Deși mă mândresc cu relațiile pe care le-am construit cu elevii, pe el nu reușisem să-l fac să lase garda jos. Îmi pierdusem răbdarea și mărturisesc că renunțasem, resemnându-mă că am eșuat.

Dar, într-o zi, pe când îi studiam situația școlară, am hotărât să mai fac o încercare. L-am chemat în biroul meu și am început astfel: „Cedric, în viață toți ne lovim de piedici, toți avem probleme complicate. Care sunt provocările din viața ta?" Nu eram pregătit pentru ceea ce a urmat. Atitudinea lui Cedric s-a înmuiat puțin, atunci când mi-a răspuns: „N-am pe nimeni care să aibă grijă de mine." Nu voi uita niciodată acel moment.

Cedric locuia cu bunica lui de 80 de ani, care era invalidă și nu putea face prea multe. În mod evident, bunica nu-i putea oferi susținerea, îndrumarea și supravegherea de care avea nevoie băiatul de 16 ani. Mă supărasem pe acest puști fiindcă plecase de la ore ca să joace baschet, dar și pentru că se purtase necuviincios când fusese descoperit. În timp ce ședeam în birou ascultându-l cum își descrie situația de acasă, m-am întrebat: „Cum reușește băiatul ăsta chiar și să vină la școală?"

Peste ani, m-am întrebat adesea ce mai face. Am lucrat în acea școală doar un an, așa că nu l-am mai văzut de atunci. Însă știu că n-avea prea mulți sorți de izbândă. Mi-ar fi plăcut ca toți profesorii lui să-i cunoască povestea. Chiar sper să fi avut dascăli mult mai înțelegători decât mine.

Fiecare elev are o „poveste", iar unele dintre ele vă vor frânge inima. Mulți elevi au o viață grea acasă și, uneori, acest lucru se transpune într-o atitudine negativă la școală. Să nu uităm că în spatele unei „atitudini negative" întotdeauna există o cauză. Când mă gândesc la elevi precum Cedric, îmi amintesc *de ce* facem ceea ce facem.

Îmi amintesc că zilnic vedem elevi care au nevoie disperată să le acordăm timpul nostru, sprijinul nostru și, mai ales, dragostea noastră. Îi vedem mergând pe coridoarele școlii noastre, stau în bănci la orele noastre, iar noi nu avem habar despre problemele cu care se confruntă. Ne supărăm când întârzie la ore, când nu respectă codul vestimentar al școlii, când nu-și pregătesc lecția și temele, când sunt neatenți ori neimplicați. Totuși, trebuie să fim conștienți că unii dintre ei sunt nevoiți să facă față unor dificultăți foarte mari în viața personală. Nu putem să rezolvăm noi problemele în locul lor, dar conștientizarea acestora ne ajută să ne reamintim că este important să avem răbdare și să-i sprijinim.

În cine ai încredere?

Într-o dimineață, devreme, mi-a atras atenția o provocare de pe Twitter. Era de la Leigh Ragsdale (@leighmragsdale), un director de școală din Missouri. Această provocare lansată de el mi-a atins o coardă sensibilă. Părea să merite efortul de a o încerca și noi. Am descoperit că, atunci când ești conștient că o idee este inovatoare, bine-ar fi să n-o abandonezi și, dacă îți stă în puteri, s-o pui în aplicare. Nu mai aștepta! Nu amâna!

Prin urmare, în acea zi, după ce am terminat cu treburile de dimineață, le-am cerut elevilor noștri să scoată o foaie de hârtie și să scrie pe ea numele unui adult în care au încredere și cu care ar putea vorbi la nevoie. Le-am precizat că, dacă nu le vine în minte nicio persoană, pot să scrie „nimeni". Apoi am adunat toate hârtiile și am început să centralizăm informațiile într-un tabel.

Din aproximativ 500 de elevi, 38 scriseseră „nimeni" – adică prea mulți! Noi ne doream ca fiecare elev din școala noastră să simtă că are o legătură specială măcar cu un profesor (așa cum știu că și voi vă doriți să se întâmple în școala voastră). Voiam ca fiecare copil să poată vorbi în mod sincer măcar cu un adult.

Am făcut apoi un filmuleț cu fotografiile elevilor care scriseseră pe foi „nimeni", după care, la următoarea întâlnire a corpului profesoral, i-am dat drumul să ruleze. Nu trecuserăm numele niciunuia în dreptul pozei, fiindcă nu aveam intenția de a discuta despre cei care le fuseseră profesori. (Elevii noștri au, toți, câte șapte sau opt dascăli diferiți, așa încât fiecare îi fusese profesor măcar unuia dintre ei.) Am privit toți acele imagini într-o tăcere grea. A fost un moment revelator – unul pe care nu-l voi uita prea curând. În cele din urmă, le-am spus profesorilor: „Sper că putem rezolva problema, astfel încât în câteva luni să nu mai avem elevi care să scrie «nimeni».“

Pentru unii dintre ei, răspunsul ar fi trebuit să fie previzibil. Erau singuratici sau mereu creau probleme. Însă alții au provocat tresăriri puternice în rândul corpului profesoral, atunci când fotografiile lor au apărut pe ecran. Acești elevi aveau note bune; erau „copii buni“. În mod sigur erau în relații bune cu profesorii.

Dar uitați cum stă treaba: nu-i suficient ca profesorii să considere că au o relație bună cu un anumit elev; elevii trebuie *să simtă* acea legătură. Și niciodată nu trebuie să considerăm conexiunea cu elevii ca fiind de la sine cuvenită.

Amintiri din clasa a III-a

Am două amintiri vii din clasa a III-a. Prima e legată de faptul că pe atunci eram cel mai rapid copil din generația mea. La Ziua Sportului din acel an, fiecare dintre cele opt clase de-a III-a a trimis câte un reprezentant la proba de 50 m viteză. Am câștigat eu! Pentru un băiat de vârsta aceea, asta contează enorm. Bruce Springsteen are un cântec despre zilele de glorie de altădată. Ei bine, ale mele au fost în clasa a III-a... și în mod sigur au trecut. Dar mai am și o altă amintire!

Profesorul de literatură din acel an părea să găsească mereu ceva de criticat la mine, în general deoarece nu-mi făceam tema. Aveam doi părinți iubitori care îmi citeau, mă încurajau și, în general, mă ajutau să am rezultate școlare excelente. Dar anul acela fusese tensionat pentru familia Steele. Trecuserăm printr-o tornadă; mașina ne fusese distrusă; casa noastră fusese spartă și inundată; iar tatăl meu fusese șomer o mare parte din an. În perioada respectivă, mama n-a mai avut puterea necesară de a se asigura zi de zi că am temele corect făcute. Și mereu am simțit consecințele realității de acasă, în timpul orei de literatură. Nu știu dacă profesorul meu încerca să mă facă să mă simt stânjenit, însă acesta era efectul de fiecare dată. Încă îmi amintesc senzația aceea de rușine.

Profesorii trebuie să conștientizeze faptul că nu se ocupă doar cu predarea lecțiilor; ei le creează elevilor și amintiri. Iar unele dintre ele nu se mai șterg din memorie pentru tot restul vieții.

Dincolo de aparențe

Toate școlile din America au printre elevi și câte unii mai dificili, așa că aproape fiecare profesor se confruntă cu astfel de copii la un moment dat, în cursul zilei sale de lucru. Unii dintre ei ridică probleme fiindcă nu vin niciodată pregătiți la oră. Alții sunt dificili pentru că nu pot sta liniștiți în bancă. Iar alții te pun la încercare prin atitudinea lor agresivă sau necuviincioasă. Și, în fine, alți elevi sunt considerați dificili fiindcă nu par să fie interesați de ceva.

Dar gândiți-vă la următoarea dilemă: deși în fiecare școală există profesori care, în timpul mesei de prânz sau în cancelarie, se plâng de asemenea elevi, există și profesori care fac performanță fix cu aceiași copii. Astfel de elevi sunt ca un ghimpe în coasta celor dintâi, dar sunt o sursă de satisfacție profesională în cazul celui de-al doilea grup. Prin urmare, cine face diferența?

Ei bine, unii profesori își dau seama că elevul care nu vine niciodată pregătit la oră s-ar putea să nu aibă acasă prea multă susținere. Astfel, chiar dacă elevul este dezorganizat și iresponsabil, când se prezintă la oră fără creion, ei preferă să-i dea un instrument de scris. Prin urmare, acei profesori aleg să nu facă mare caz, întrucât își dau seama că există modalități mai bune de a-l învăța cum să fie responsabil și, cu siguranță, nu doresc să creeze obstacole noi în calea participării la oră.

Unii profesori își dau seama că elevul care nu poate sta locului nu-și dorește neapărat să creeze probleme, ci doar debordează de energie. (Cunosc adulți care nu pot sta liniștiți 45 de minute și sunt convins că și voi cunoașteți.) Îmi amintesc că unul dintre profesorii noștri a făcut o înțelegere cu un astfel de elev energic, spunându-i că poate să-și facă lucrarea în picioare, dacă așa dorește. Soluția a funcționat ca prin magie.

Unii profesori își dau seama că elevul recalcitrant a avut experiențe deprimante în școală și, cum n-a descoperit nimic care să-l facă fericit în cadrul acestei instituții, a adoptat o manieră greșită de a se remarca. Astfel de profesori se dau peste cap să le arate cât mai des cu putință acelor elevi că îi apreciază și îi susțin. Ei nu se implică în „luptele“ mărunte din clasă, știind că în urma unor asemenea conflicte nu câștigă nimeni.

Unii profesori își dau seama că atitudinea necuviincioasă a elevului probabil că n-are nimic de-a face cu cadrul didactic. Ei nu-și coboară standardele, dar nici nu iau totul la modul personal. Încă din prima zi, astfel de profesori depun eforturi pentru a construi relații pozitive cu elevii, astfel încât să nu se formeze între ei atitudini antagonice.

Unii profesori își dau seama că elevii care nu se arată interesați de nimic e posibil să nu fie atât de apatici pe cât par. Acești pedagogi au convingerea că nu există niciun elev care să vrea să pice examenele, căruia să-i convină că are probleme și care să-și dorească să fie etichetat drept „ratat“. Ei știu că fiecare elev este interesat de un domeniu anume, dar se prea poate ca adulții din școală să nu-și fi dat seama despre ce domeniu e vorba sau cum să-i cultive acel interes specific.

Poate că acești elevi pur și simplu nu văd rostul școlii, așa că profesorii trebuie să depună eforturi și mai mari pentru ca ora lor să capete importanță. Poate că acești elevi s-au săturat să fie considerați o cauză pierdută. Așa că, decât să eșueze încă o dată, preferă să nu mai încerce deloc. Atitudinea lor este, de fapt, un scut de protecție împotriva sentimentului de jenă. Așadar, acești profesori își susțin fără excepție elevii și găsesc mici trucuri prin care îi ajută să reușească, întrucât știu că micile reușite se pot transforma, la un moment dat, în mari succese.

În *Be the One for Kids*, Ryan Sheehy scrie: „Când își fac timp să afle poveștile elevilor, educatorii înțeleg mai bine ce anume îi motivează. Și astfel le este mai ușor să-i ghideze spre succes.“

Faptul că îți înțelegi elevii din punct de vedere uman nu-ți garantează că vor lua note mari la teste. Dar aici este vorba despre ceva mult mai important: despre legătura directă cu latura lor umană. Tinerii de la periferie, cărora le sare țandăra ușor, intelectualii pretențioși, sarcasticii arțăgoși și toate celelalte măști similare pot fi date jos dacă le propuneți să exerseze scrierea liberă și discutați cu ei despre ce-au scris. Îndemnați-i să-și pună pe hârtie temerile, bucuriile, eșecurile și speranțele, fiindcă așa îi ajutați să înțeleagă ce fel de om se ascunde în spatele măștii lor. De-a lungul deceniilor, am aflat – citind poveștile lor – despre dependență, abuz, tulburări alimentare sau boli incurabile. Și de fiecare dată am luat atitudine. Este evident că implicarea profesorului trebuie făcută cu grijă, cu respect și cu respectarea legii. O astfel de implicare protectoare poate schimba vieți, dar nu trebuie să se transforme într-o vânătoare de probleme. Prin scriere liberă, am descoperit poeți, artiști, filantropi, atleți etc., iar entuziasmul lor m-a determinat să-i susțin în afara orei mele. Și astfel am văzut cum elevii mei mediocri la limba engleză se implică în alte activități, care le aduc o reală bucurie. Această încântare a unui profesor față de abilitățile elevilor la alte discipline sau domenii este în măsură să schimbe vieți. Lăsând la o parte materia pe care o predați – atunci când le dați elevilor șansa de a răspunde confidențial la întrebări precum „Ce dificultăți ai întâmpinat ieri, în timp ce îți făceai tema la geometrie/fizică?" – puteți deschide calea către înțelegerea în ansamblu a copilului pe care-l aveți în sala de curs vreme de un an sau, dacă sunteți norocoși, vreme de mai mulți ani.

Renee Brown, profesoară

Când am început să predau, gândeam astfel: „Eu sunt profesorul, iar elevii vor face așa cum spun eu pentru că am «autoritate».“ În consecință, am fost în mod constant frustrat, pe motiv că unii elevi nu recunoșteau autoritatea care îmi fusese acordată prin intermediul diplomei mele de licență. Aaron a fost un astfel de elev. Extrem de agitat, el se comporta de parcă ar fi trăit în pădure până atunci și se străduia permanent să atragă atenția întregii clase. Însă când tatăl său a apărut la Ziua Porților Deschise – beat și ocărându-ne atât pe mine, cât și pe el – mi-am dat seama că autoritatea mea nu era în capul listei de priorități a acelui elev. Și cum băiatul tocmai își văzuse tatăl arestat pentru comportament turbulent, l-am îmbrățișat spunându-i: „Îmi pare rău că trebuie să te confrunți cu asta.“ El mi-a răspuns vesel, de parcă nimic nu s-ar fi întâmplat: „Nu-i nicio problemă, domnule Turner, sunt obișnuit cu asta.“ Am izbucnit în plâns și am renunțat pe loc la ideea de «autoritate», descoperind în schimb compasiunea. De atunci, în loc să fiu iritat de energia lui Aaron, am redirecționat-o, punându-l să citească în timpul orei cu voce tare, să îndeplinească diverse sarcini pentru întreaga clasă ori să facă ceva care să-i aducă acea atenție pozitivă după care tânjea. Elevii au nevoie de ceva mai mult decât cunoștințele teoretice pe care noi le predăm. Au nevoie de un suporter dispus să-și facă timp pentru a-i înțelege. Abia după aceea vor fi deschiși spre învățare.

Joe Turner, profesor

7

Construirea relațiilor

Chiar dacă așa vi se recomandă să faceți și chiar dacă spuneți în fața întregii clase: „Copii, știți cât de mult țin la voi“, nu înseamnă neapărat că elevii chiar vor simți că vă pasă de ei. Copiii intuiesc asta din felul în care sunt tratați; nu-i suficient ca pedagogii să declare, ei mai trebuie să și demonstreze. Puteți faceți asta când vorbiți cu elevii în pauză. Sau atunci când demonstrați compasiune față de cei care au avut o zi proastă. Și atunci când îi sunați pe cei care tocmai au pierdut pe cineva drag. Sau când îi vizitați în situații grave.

Așa cum caută neobosiți resurse și strategii ca să se asigure că elevii învață materia, profesorii desăvârșiți sunt hotărâți să găsească moduri de a arăta că țin la elevi și de a stabili legături personale cu ei, în scopul construirii unei relații oneste. Iar aceste relații profesor–elev nu sunt valoroase doar pentru că îi fac pe elevi să se simtă bine cât timp sunt la școală sau pentru că îi ajută pe profesori să fie împăcați cu sine. O cercetare întreprinsă de

John Hattie în 2009 demonstrează că asemenea conexiuni au un impact ridicat asupra procesului de învățare.

Un antrenor cu palmares dintr-un liceu învecinat obișnuia să le spună colegilor mai tineri: „Nu vă faceți griji în legătură cu victoria pe teren; câștigați-i pe copii. Dacă faceți asta, atunci meciurile vor fi ca și câștigate." Gândiți-vă cum se aplică acest lucru în clasa voastră. Evident, lecțiile nu „vor fi ca și învățate" niciodată, dacă nu depuneți efort. Însă citatul subliniază importanța „câștigării elevilor". Profesorii care înțeleg această realitate și fac demersuri pentru a clădi relații semnificative cu elevii lor au cel mai mare impact în clasă și vor rămâne în memoria copiilor.

Cu toate astea, nu există o formulă unică pentru a clădi relații cu elevii. Numai că profesorii desăvârșiți sunt preocupați de asemenea conexiuni și le transformă într-o prioritate. Sper ca poveștile și strategiile din acest capitol să vă faciliteze eforturile.

Începeți de la ușă

Tehnologia a înlocuit în clasă o mulțime de lucruri. Dar nu va înlocui niciodată zâmbetul unui profesor care își salută elevii în timp ce intră în clasă. Când stabilesc această legătură la intrarea în sala de curs, profesorii le oferă copiilor un fel de „cârlig" care, probabil, va ajunge să fie mai important decât clopoțelul care sună de ieșire. De fiecare dată când batem palma cu un elev, îl salutăm într-un fel special, îi strângem mâna sau îl încurajăm cu o bătaie pe umăr, noi îi transmitem mesajul: „Tu contezi."

Școala e stresantă și uneori este greu să fii copil. Elevii se pot confrunta cu drame acasă, pe stradă sau în școală. Dar când reușesc să stabilească o legătură personală cu profesorul la intrarea în clasă, asta le încarcă ziua cu optimism. Un salut sincer chiar din ușă, la începutul orei, dă tonul, le transmite elevilor o stare de spirit pozitivă, ba chiar schimbă cursul unei zile care, poate, începuse prost.

Fiți frânghia de salvare a elevilor

După ce un fost coleg, Joe Turner, a primit distincția de Profesorul Anului, un reporter l-a întrebat ce i-ar sfătui pe profesorii debutanți. El a răspuns așa: „Predați-i fiecărui copil ca și cum ați fi frânghia lui de salvare... ca și cum ați fi ultima lui șansă de a reuși în viață." Când am citit asta, am fost profund impresionat. Am discutat cu echipa mea de conducere, iar rezultatul a fost o inițiativă a școlii căreia noi i-am zis simplu „Frânghii de salvare". N-a fost un proiect oficial, n-a fost nimic organizat și nici nu s-a întocmit vreun document formal. Doar i-am cerut fiecărui cadru didactic să devină frânghie de salvare pentru unul sau doi elevi de-ai săi care, astfel, ar fi beneficiat în permanență de sprijinul unui adult. Noi, membrii corpului profesoral, ne-am angajat să facem tot ce ne stă în putință pentru a avea grijă de acești elevi.

Chiar dacă eram director, am ales și eu să fiu frânghie de salvare pentru câțiva copii. Dar una dintre dificultățile pe care le-am întâmpinat în cadrul acestui proiect a fost că nu le predam nicio materie acelor elevi. Nici măcar nu aveam ocazia să-i văd în fiecare zi. Coridoarele erau aglomerate, așa că deplasarea lor dintr-o clasă într-alta nu se concretiza întotdeauna într-o ocazie de a-i întâlni și a discuta cu ei. Și era stânjenitor să-i chem în biroul meu doar ca să văd dacă-i totul în regulă cu ei.

Numai că mi-a venit o idee – o nouă strategie pentru a crea legături stabile cu cei trei elevi pentru care eram o frânghie de salvare. Părea neconvențional, dar trebuia să încerc ceva diferit. L-am chemat pe unul dintre ei, Caleb, în biroul meu și l-am întrebat: „Îmi faci un serviciu?" El a zâmbit și a încuviințat din cap: „Da." Am continuat: „De obicei mă simt bine, dar nu mereu. Ce bine ar fi să am un prieten care să mă vegheze! Vrei să-mi faci serviciul de a mă verifica în fiecare zi, doar ca să te asiguri că sunt bine?" A zâmbit din nou și a spus: „În regulă."

Am avut apoi aceeași conversație și cu ceilalți doi, iar rezultatele m-au entuziasmat. Am început să ne zărim unul pe altul și pe coridoare; ei îmi zâmbeau și mă întrebau ce mai fac. Proiectul acela mie mi-a oferit ocazia de a fi mereu aproape de câțiva copii, iar pe ei i-a învățat să se gândească și la starea de bine a altcuiva.

Lefty

Am avut un elev, pe nume Cortez, care crea în mod constant probleme, așa că mereu ajungea în biroul meu. (Numele lui adevărat era Lefty, dar toți îi ziceau Cortez.) Cea care îi făcea raport cel mai des era domnișoara Johnson. Mai întâi a trebuit să semnez detenția școlară a lui Cortez; apoi l-am inclus în programul de supraveghere comportamentală din cadrul școlii; ba am fost nevoit să-l și suspend pentru o scurtă perioadă. Ori de câte ori se afla în biroul meu, eram pus în situația să-l disciplinez.

Dar, la nivel personal, noi doi aveam o relație grozavă. Ani la rând, sala mea de clasă și apoi biroul meu au găzduit poza lui Michael Jordan. Cortez adora baschetul și, practic, de fiecare dată când era chemat la mine întreba dacă poate să ia acel poster. Visul lui era să intre într-o echipă universitară de baschet. Era în clasa a IX-a, avea mai puțin de 150 cm înălțime și, din câte auzisem, nu avea nici cine știe ce aptitudini de sportiv. Dar baschetul era pasiunea lui. Așa că vorbeam amândoi despre baschet.

În luna februarie a acelui an, domnișoara Johnson a venit la mine exasperată. A explodat: „Pur și simplu nu mai știu ce să fac cu Cortez! Aveți vreo sugestie?“ Am întrebat-o: „Știți care-i visul lui?“ Nu știa. Am continuat: „Visează să fie admis într-o echipă de baschet de juniori.“ După care i-am sugerat să-și facă timp să-l cunoască mai bine pe Cortez – adică să creeze o legătură personală cu copilul.

Profesorii care au cel mai mare impact asupra elevilor sunt cei care dovedesc empatie. Nu doar le predau o materie, ci încearcă și să-i înțeleagă. Știu că, în prima zi de școală, mulți profesori își pun elevii să completeze niște fișe cu anumite informații personale. E un obicei foarte bun, iar noi trebuie să folosim toate detaliile, întrucât ne deschid o fereastră către lumea lor și pot constitui punctul de plecare către o legătură specială.

Însă, dacă vreți ca elevii să fie interesați de ora voastră, începeți prin a fi voi interesați de ei. Când simt că între ei și profesorul lor există o anumită conexiune, mai mult ca sigur elevii devin interesați de lecție. În plus, când relația adult–copil e bună, se reduce riscul de comportament inadecvat în clasă. Dacă domnișoara Johnson ar fi înțeles încă din luna septembrie și ar fi apreciat pasiunea lui Cortez pentru baschet, bănuiesc că întregul ei semestru s-ar fi desfășurat diferit.

Prețuiți și reușitele mărunte

Cât de des ați auzit diverși profesori plângându-se de vreun elev în felul următor: „Ea face asta doar pentru a primi atenție" sau „Încearcă doar să-i determine pe ceilalți copii să se uite la el"?

Ei bine, nevoia de a primi atenție este firească. Toți vrem să fim remarcați; toți vrem să contăm. Însă dacă elevii încep să fie remarcați atunci când merită, va fi mai puțin probabil să caute atenție în moduri inadecvate. Unii copii sunt îndemânatici, alții știu cum să-și formuleze întrebările, unii se pricep la glume, alții sunt creativi, unii sunt buni de pus pe rană, alții pot recita poezii lungi, unii au simțul umorului, iar alții scriu compuneri foarte frumoase. Fiecare copil poate să facă bine cel puțin un lucru. Descoperiți voi care anume!

Este important să-i surprindem pe elevi atunci când ceva le iese bine și, fără să mai stăm pe gânduri, să-i apreciem. Copiii au nevoie de atenție și, într-un fel sau altul, o vor obține. Prin urmare, o cale de a dezvolta relații pozitive cu elevii este să-i observați și să-i lăudați permanent – chiar și pentru lucrurile mărunte.

Îmi amintesc că am auzit un celebru comediant descriindu-și experiența din școala gimnazială. Avusese mereu probleme pentru că era „clovnul clasei". Dar într-o bună zi, o profesoară i-a spus că, dacă va fi sârguincios în fiecare oră, ea îi va permite să amuze clasa în ultimele cinci minute. Din povestea lui am dedus că acordul funcționase de minune. Profesoara aceea reușise să-l facă să învețe și era limpede că asta îi influențase traiectoria vieții.

Găsiți un hobby comun

La 22 de ani, pe când eram profesor debutant, am fost desemnat în ultimele câteva luni ale anului școlar să meditez un elev dintr-o școală alternativă cu care colaboram. Acest elev de 15 ani pe care trebuia să-l ajut să-și ridice nivelul la învățătură avea probleme grave de comportament și de atitudine, așadar n-avea cum să reușească într-o școală obișnuită. Trebuie să menționez faptul că băiatul se dovedise o adevărată bătaie de cap pentru profesorii anteriori. Nu-mi amintesc foarte multe de la prima noastră întâlnire, dar știu că a intrat cu o atitudine care părea agresivă. Cred că purta un tricou negru având imprimată imaginea unei formații de muzică heavy metal, era încălțat cu bocanci militari negri, iar părul îi ajungea până la jumătatea spatelui.

Mi-am dat seama rapid că trebuie să creez o punte de comunicare cu acest tânăr, altminteri n-am fi avut niciodată o relație constructivă sau pozitivă. Iar dacă n-aș fi reușit să clădesc o conexiune, amândoi am fi avut parte de două luni dificile.

Am aflat că adoră muzica, dar și să cânte la chitară, iar muzicianul lui preferat era Alice Cooper. L-am întrebat dacă ar fi fost dispus să vină cu chitara la școală, ca să mă învețe câteva acorduri. Apoi am făcut rost de o chitară veche pentru mine și, în pauzele dintre lecții, el a început să mă învețe să cânt. Uneori, eu exersam în timp ce el făcea temele pe care i le indicam. Chiar învățasem bine o bucată dintr-un cântec al lui Alice Cooper.

În felul acesta, săptămânile s-au scurs în liniște, iar el a încheiat cu succes acea perioadă din școala alternativă. Însă timpul petrecut împreună n-ar fi fost nici pe de parte atât de productiv, dacă n-am fi vorbit și despre muzică și dacă n-am fi cântat puțin la chitară împreună. Au trecut de atunci peste douăzeci și cinci de ani și încă știu acele acorduri pe care mi le-a predat el. Din când în când, reflectez la această experiență a mea din școala alternativă, fiindcă îmi amintește cât este de important să-i accepți pe copii așa cum sunt, fără să-i judeci și fără să-i tratezi cu superioritate.

Pătrundeți în lumea lor

Îmi amintesc bine seara în care fiica mea s-a urcat în mașină după un meci de volei, exclamând: „Tati, profesorul meu a venit la meci!“ Un aspect pe care elevii îl consideră important adeseori îl reprezintă relațiile personale pe care le au cu anumiți profesori. Întotdeauna și-i amintesc pe cei care își fac timp să-și manifeste interesul față de ei – adică să-i cunoască așa cum sunt cu adevărat.

Asta presupune să descoperi activitățile extrașcolare în care sunt ei implicați. La drept vorbind, activitățile extrașcolare pot fi, pentru elevi, cele mai importante. Și probabil că asta îi pasionează cel mai mult. Așadar, atunci când îți faci timp să apari la un concert, la o piesă de teatru sau la un meci, demonstrezi că încerci „să intri în lumea lor". Elevii te vor observa întotdeauna și vei face impresie asupra lor. Aproape sigur, vei face impresie bună și asupra părinților.

Sunt conștient că profesorii au viață personală și, foarte posibil, cei care au copii trebuie să participe la evenimentele celor mici. Dar simplul fapt că-și rup din timpul liber pentru a-și susține elevii la evenimentele extracurriculare ajută mult la dezvoltarea relațiilor cu aceștia, dar și cu părinții lor. Când profesorii își susțin elevii în afara clasei, mai mult ca sigur că acei elevi își vor susține profesorul în clasă.

Cum să faceți față provocărilor

Vorbim aici de „profeția care se autoîmplinește", fiindcă are un rol important în relația profesor–elev. Atitudinea noastră față de elevi afectează (subtil sau mai puțin subtil) modul în care interacționăm cu ei. Când cineva ne enervează, devenim mai irascibili, mai nerăbdători, mai intoleranți cu acea persoană. În schimb, suntem extraordinar de îngăduitori și flexibili cu elevii noștri preferați și întotdeauna le acordăm prezumția de nevinovăție.

Profesorii care își extind bunăvoința și asupra elevilor dificili remarcă adesea că reacția acestora este pozitivă. Uneori, elevii se ridică la înălțimea așteptărilor noastre, alteori nu. Dar, ocazional, acela care ne calcă pe nervi mereu este, de fapt, copilul cu cel mai mare potențial. Asta trebuie să reținem. Asupra acestui lucru e cazul să ne concentrăm. Când căutăm calități pozitive, putem fi surprinși de câte descoperim. Dacă începeți să vă tratați cei mai dificili elevi ca și cum ar fi favoriții voștri, s-ar putea ca, în timp, aceștia să înceapă să se comporte exact așa cum vă doriți.

Unii elevi poartă povara proastei reputații. Când profesorii se uită pe caracterizări înainte de începerea anului școlar, unele nume li se pot părea cunoscute, așa că e posibil să li se plângă vreunui coleg: „Of, i-am predat fratelui său mai mare... probabil că și acesta e la fel de rău" sau „Am auzit de ea – s-a dus vestea că părinții ei te scot din pepeni". Educatorii se pot lăsa influențați de reputație și de zvonuri, atunci când își formează opiniile și așteptările privitoare la anul școlar care urmează. Și, fără îndoială, unii elevi chiar au obiceiul de a face alegeri greșite, motiv pentru care își câștigă o anumită reputație.

Însă profesorii desăvârșiți permit ca noul *lor* an școlar să fie nou și pentru elevii lor. Ignoră bârfele și refuză să ia de bune miturile care circulă pe seama acelor copii. Având standarde morale înalte, ei le oferă tuturor elevilor ocazia de a-și construi o reputație de la zero – adică de a scrie o poveste nouă. Fiecare elev merită această șansă. Toți greșim și toți merităm un nou început: șansa la izbăvire. Voi puteți fi acei profesori care îi ajută pe elevi să depășească obstacolele de până atunci.

Totuși, în ultimă instanță, ca să-ți deschizi calea spre elevii greu accesibili, nu-ți trebuie o strategie, ci o inimă. Este necesar să ai dorința perpetuă de a te conecta cu copiii.

Începeți prin a arăta că vă pasă

Există nenumărate căi de a clădi o relație constructivă cu elevii. Dar, dacă nu începeți prin a arăta că vă pasă, niciuna nu va funcționa. În schimb, dacă vă manifestați grija față de ei, puteți face ca majoritatea strategiilor să funcționeze.

Este foarte ușor să vorbești despre prioritatea obiectivului de a clădi relații cu elevii. Și cei mai mulți dintre noi sunt de acord că este ceva important. Dar e posibil ca unii să nu reușească să pună în practică teoria. Vestea bună este că oricine se poate descurca.

Începeți cu dorința sinceră de a vă conecta cu elevii voștri. Apoi petreceți timp stând de vorbă cu ei. Iar aici nu mă refer la materia pe care o predați. Întrebați-i despre familia lor, despre prieteni, despre interesele extrașcolare și poate chiar despre ceea ce îi supără. Aflați ce anume contează pentru ei. Jocuri precum PokemonGo sau Fortnite, truse de modelaj, TikTok, diverse alte pasiuni? Recomand ca profesorii să se implice alături de elevi în hobbyurile de care *copiii* sunt interesați.

Însă astfel de interacțiuni cu elevii nu trebuie să fie neapărat legate de interesele lor personale. Așa cum Schlechty remarca în 2011, lecția și procesul de învățare pot servi drept puncte de plecare: „Cum le transmit profesorii elevilor ideea că au încredere în ei, că se bazează pe ei? În acest caz, nu există o formulă magică. Dar am observat că profesorii care își găsesc timp pentru a-i implica pe elevi în discuții personale sau de grup – pentru a evidenția că o temă sau alta este interesantă – contribuie la creșterea încrederii dintre elev și profesor."

Probabil că nu veți crea o legătură cu elevii doar după o singură conversație personală. De obicei, nu funcționează așa. Crearea unei relații cere timp. Dacă însă persistați în interacțiunile autentice și personale, atunci veți consolida o legătură. Majoritatea elevilor îi apreciază pe profesorii care sunt interesați de ei. Când simt că îi îndrăgiți – adică țineți la ei cu adevărat –, de obicei vă vor răspunde cu o serie de interacțiuni pozitive. Numai că întotdeauna inițiativa trebuie să fie a profesorului, iar grija lui față de elevi să fie sinceră.

Profesorii își pot pregăti elevii pentru evaluări, chiar și fără a construi relații semnificative cu ei. Însă rezultatele bune la teste nu trebuie să constituie singurul țel al unui pedagog bun. Când foștii absolvenți se întorc să-și viziteze profesorii, îi caută pe aceia care le-au arătat cândva un interes sincer.

În general, moștenirea pe care o lasă în urma lor profesorii desăvârșiți nu rezidă în lecțiile predate elevilor, ci mai degrabă în relațiile pe care le-au construit cu aceștia. Planurile de lecție sunt importante, pedagogia este importantă, dar e posibil ca principala responsabilitate a profesorilor să nu fie cuprinsă în nicio planificare.

Putem afirma că, atunci când își încurajează, își susțin și își inspiră elevii, când le arată că țin la ei și când creează punți de legătură, profesorii se implică într-o lucrare ce transcende metodica.

De fiecare dată când interacționați cu un elev, aveți ocazia de a-l face să se simtă special. Țineți minte că toate acele interacțiuni pe care le aveți cu elevii în afara lecției chiar contează. Iar în unele cazuri, tocmai legăturile personale fac posibilă învățarea.

În opinia mea, relația cu elevii cărora le predai reprezintă totul și este indispensabilă în această profesie. Construirea acestor legături e vitală pentru un cadru didactic, întrucât, odată ce copiii își dau seama că tu ții la ei cu adevărat și că îți pasă de ei ca persoane, vor dori să se perfecționeze. Faptul că ei știu că ții la ei în primul rând ca persoane, și nu doar ca elevi, îi va determina să nu te dezamăgească, să se comporte mai frumos și să-și dorească să câștige pentru tine. Cunoașterea elevilor la nivel personal îți permite să-i înțelegi mult mai bine și să afli motivele pentru care fac sau nu fac anumite lucruri la școală. Ca profesor, odată ce ajungi să le cunoști poveștile, vei putea să-i vezi pe elevi într-o lumină diferită. Eu întotdeauna încerc să descopăr măcar un lucru pe care îl am în comun cu fiecare, pentru că în acest fel îl pot influența. Niciodată nu forțez un elev să-mi vorbească, atunci când simt că el nu vrea să-mi împărtășească ceva, însă continui să insist după câteva zile, până când, în cele din urmă, își deschide sufletul. Odată ce descopăr lucrul pe care îl avem în comun, încep de acolo să clădesc o punte, iar elevii fac și ei la fel. Se poate întâmpla să dezbatem subiectul comun pentru o săptămână sau mai mult, însă de obicei elevii ajung între timp să-mi spună tot mai multe despre ei înșiși, pentru că știu că mă interesează. Am clădit relații cu elevii vorbind despre sporturi, despre faptul că părinții mei sunt divorțați (exact ca ai unora dintre ei), despre jocuri video, filme etc. Anul acesta, spre exemplu, am stabilit o legătură cu un elev care nu vorbea niciodată în clasă cu alți copii. În fiecare zi îl salutam și îl întrebam ce mai face – și în fiecare zi primeam același răspuns. El privea în pământ și îmi răspundea „Salut" și „Bine". Ori de câte ori ieșeam afară la ora de sport, elevii se îndreptau spre teren în grupuri, fiecare cu prietenii. El se ducea singur de fiecare dată. Într-o zi m-am hotărât să merg împreună cu el, iar când m-a văzut s-a uitat la mine de parcă aș fi înnebunit. Am pășit o vreme unul lângă altul, apoi eu l-am întrebat cum o mai duce și cum i se pare la școală. Mi-a răspuns încet. Apoi l-am întrebat ce-i place să facă în afara școlii. Să se uite la filme? Să joace jocuri video? Să facă sport? Animalele de companie? Netflix? Mi-a răspuns: „Îmi place să joc jocuri video de supraviețuire și să mă uit la filme de groază." Habar n-avea el că și eu avusesem o perioadă în care îmi plăcuseră teribil jocurile de supraviețuire și filmele de groază! Apoi am început să vorbim despre jocurile video, pentru ca în final să ajungem la seria de filme Vineri 13, *iar în clipa aceea s-a schimbat totul. De atunci, în fiecare zi vine la mine în timpul orei de sport ca să mă întrebe ce mai fac, dacă am văzut vreun film de groază nou și multe altele. Acum între noi doi există o anumită legătură și pot spune că-i place mai mult ora mea, doar pentru că știe că avem o conexiune și că îl cunosc ca om. Concluzia este că, dacă n-aș fi insistat să merg în acea zi alături de el, n-aș fi aflat niciodată ce anume îi place și ce nu, așa că în prezent n-am fi avut nicio relație. Unii elevi sunt capabili să creeze o mulțime de legături amicale de-a lungul zilei, iar alții, niciuna. Și fiindcă unii elevi n-au deloc o viață bună acasă, eu încerc să stabilesc o legătură cu fiecare în parte și să le dau de înțeles tuturor că țin la ei. S-ar putea ca relația lor cu mine să fie singura pe care o au cu un adult. Iar faptul că ei știu că mie îmi pasă contează cel mai mult.*

Grant Urbanski, profesor

„Până la Crăciun, trebuie să devii cu adevărat rea." Acesta e sfatul pe care l-am primit în repetate rânduri, înainte de a-mi începe primul an ca pedagog. Am încercat – și nu m-am simțit deloc bine. De-a lungul celor unsprezece ani de carieră didactică, am înțeles cât de toxic este acel sfat, dacă vrei să construiești relații pozitive cu elevii. Acum două veri am citit o carte despre o tânără care avea o viață oribilă acasă, fără hrană decentă, fără vreun ajutor la teme, fără sprijin din partea părinților și fără ca multe dintre nevoile ei de bază să fie îndeplinite. După ce am citit-o, am hotărât ca, atâta vreme cât practic eu profesia aceasta, niciunul dintre „copiii mei" să nu ajungă vreodată în acea situație. În fiecare zi mă asigur că ei știu că eu sunt acolo pentru ei. Acum încep prima zi a fiecărui semestru spunându-le despre așteptările pe care le am de la ei și povestindu-le apoi despre acel dulap din biroul meu în care țin articole de toaletă, gustări, apă etc., precum și despre caseta în care ei îmi pot lăsa mesaje (chiar și nesemnate) pentru orice nevoie suplimentară ar avea. Le spun că îi ador pur și simplu și că motivul pentru care sunt pedagog este acela că eu cred în copii. Le

transmit foarte limpede că, în clasa mea, mă aștept la respect. Unii dintre cei mai duri puști vor doar să fie iubiți și să li se poarte de grijă. Au nevoie de organizare și disciplină – așa că nu renunțați la educație și instruire doar de dragul de a fi „simpatici". Dar asigurați-vă că elevii știu că sunt prețuiți chiar și atunci când greșesc. Susțineți-le interesele, duceți-vă la meciurile lor, ajutați-i când întâmpină dificultăți și lăudați-i când perseverează.

Katie Mantel, profesoară

De-a lungul anilor petrecuți în educație, am avut ocazia de a lucra cu elevi din numeroase culturi și cu diverse statusuri socioeconomice. În ceea ce privește construirea de relații cu elevii, pot afirma că toți au aceleași nevoi: să se simtă iubiți, să aibă o plasă de siguranță, să învețe disciplina și să primească îndrumare. Da, am spus «disciplină»! Oamenilor le plac regulile și limitele, fiindcă se descurcă mai ușor așa. De fapt, ei chiar au nevoie de reguli și limite, pentru că acestea generează stabilitate în societate. În calitate de educatori, secretul este să știm cum și când să le impunem. Nu ne putem aștepta să fim din prima zi pedagogi eficienți, câtă vreme n-am apucat să ne cunoaștem elevii. Dacă nu știm ce anume îi stimulează și îi motivează, nu vom obține reacția pe care o vizăm. Acum, s-ar putea ca majoritatea educatorilor care citesc aceste rânduri să se întrebe: „De unde să am eu timp să-mi cunosc toți elevii?!" Încercați să vă faceți timp! Dacă vreți să excelați în profesie, e necesar să vă cunoașteți elevii!

Spre exemplu, în prima zi în care vă întâlniți, încercați să aflați câte ceva despre ei. Cereți-le elevilor să răspundă (în scris sau oral) la întrebări precum: „De unde ești?"; „În ce școli ai mai învățat?"; „Cu cine locuiești?"; „Ai frați sau surori?" etc. Astfel de întrebări vă vor aduce informații personale esențiale și vor fi punctul de plecare spre o relație bazată pe grijă. Veți vedea că merită timpul vostru. Îndrăgiți-vă elevii și încercați să-i cunoașteți!

Frankie Perez, profesor

Partea a III-a

A treia dimensiune: perspectiva culturală

8

Transformarea școlii

„Când directorul strănută, toată școala e răcită“, afirma Todd Whitaker. În calitate de manager educațional, pot confirma că e adevărat. Fără îndoială, crearea culturii organizaționale a unei școli începe de la vârf. Totuși, deși directorul e cel care dă tonul în întreaga instituție, el nu acționează într-un vid. Cultura organizațională este o rezultantă a valorilor, atitudinilor și comportamentelor tuturor adulților din școală. Iar clasele reprezintă locul în care se întâmplă minunea. Acolo este consolidată sau distrusă cultura organizațională a școlii. Deși cel mai important rol al profesorilor este acela de a le *preda* elevilor o materie, ei n-ar trebui să-și subestimeze potențialul de a influența cultura organizațională. În această privință, pedagogii nu sunt niciodată neutri. În fiecare zi, cuvintele, acțiunile și atitudinea lor fie subminează, fie promovează misiunea școlii.

În urmă cu câțiva ani, am fost în vizită la o altă școală. Mi-a plăcut grozav și am cunoscut niște profesori remarcabili. Îmi amintesc că am întrebat-o pe una dintre profesoare despre cum i se pare să lucreze în acea școală. Nu voi uita niciodată răspunsul ei: „Când ești înconjurat de superstaruri, îți dorești să devii mai bun decât ești." Comentariul ei reprezintă dovada puterii pe care o are presiunea pozitivă a colegilor din corpul profesoral și, cu siguranță, subliniază potențialul de care fiecare profesor dispune pentru a-și inspira colegii sau colegele.

Mulți educatori cunosc *Povestea stelei-de-mare* – o adaptare din 1978 a unui eseu scris anterior de antropologul Loren Eiseley.

Într-o zi, un om care se plimba de-a lungul plajei a observat un băiat care tot culegea ceva de pe jos, pe care-l arunca apoi cu blândețe în ocean. Apropiindu-se de copil, l-a întrebat: „Ce faci aici?" Tânărul i-a răspuns: „Arunc steaua-de-mare înapoi în ocean. Valurile sunt mari, însă în curând începe refluxul. Dacă n-o arunc înapoi, va muri." „Băiete", i-a spus omul, „nu-ți dai seama că sunt kilometri de plajă și sute de stele-de-mare? Nu schimbi cu nimic situația!" După ce l-a ascultat politicos, băiatul s-a aplecat, a ridicat o altă stea-de-mare și a aruncat-o înapoi în valuri. Apoi, zâmbindu-i bărbatului, a spus: „Tocmai de aceea schimb situația pentru fiecare în parte."

Îmi amintesc ziua în care profesorii noștri de matematică au intrat în biroul meu și mi-au dăruit o stea-de-mare pe care o confecționaseră din hârtie glasată și o decoraseră cu sclipici. Erau entuziasmați de o nouă idee găsită și doreau să mi-o împărtășească. Proiectul lor presupunea să-și modifice orarul la prânz și să-și sacrifice o parte din „timpul liber" pentru a-i putea îndruma metodic pe unii dintre elevii lor care întâmpinau dificultăți la școală. Aduseseră cu ei niște grafice de lucru pe care notaseră numele elevilor respectivi și dezbăteau logistica proiectului.

Țineam în mână steaua-de-mare din hârtie și mă simțeam foarte mândru că le sunt director. Înțeleseseră că profesia noastră presupune ceva mai important decât simpla creștere a performanțelor școlare. Ei știau că o asemenea inițiativă îi va ajuta pe copii. Exact așa cum băiatul din poveste arunca, pe rând, câte o singură stea-de-mare în ocean, și profesorii mei de matematică se angajaseră să facă o schimbare pentru elevii lor – câte un copil, pe rând.

În Capitolul 5, spuneam că este important ca profesorii să-și conștientizeze menirea: aceea de a schimba destinul copiilor. În acest capitol final, evidențiez unele moduri prin care profesorii își pot inspira colegii și pot influența cultura organizațională a școlii lor.

Urmați-vă misiunea

Cum vă purtați cu cei mai dificili elevi pe care-i aveți? La un moment dat de-a lungul zilei, majoritatea profesorilor intră în contact cu o serie de elevi problematici. Și poate fi tentant să se plângă de ei în cancelarie, în timpul mesei de prânz, pe coridoare sau chiar la ședințele corpului profesoral: elevii sunt prea gălăgioși; se hlizesc încontinuu; nu urmează indicațiile; sunt prea necuviincioși; nu-și fac temele; nu vin pregătiți la oră; nu studiază; sunt răsfățați de părinții lor.

Când cedați ispitei și vă plângeți de acești elevi, nemulțumirea voastră vă micșorează motivația personală. Negativitatea vă poate slăbi concentrarea; în plus, afectează și starea de spirit a pedagogilor din jur, care aud cum vă vărsați năduful.

Pe de altă parte, când empatizați cu elevii-problemă – adică atunci când acceptați că acele comportamente neadecvate ale copiilor reprezintă o manifestare a circumstanțelor disfuncționale din afara școlii – contribuiți la schimbarea abordării în școală. Iar atitudinea voastră față de elevi în mod sigur va fi remarcată de alți profesori.

Și, în general, cei mai dificili copii au nevoie cel mai mult de grijă, înțelegere și toleranță. Răbdarea voastră față de acești elevi îi face pe alți profesori să conștientizeze ceea ce este cu adevărat important, fiindcă le va reaminti care-i menirea *lor:* să facă o schimbare în viața acelor copii.

Insuflați entuziasm

Copilul v-a stat treaz toată noaptea, cu o infecție auriculară... v-ați vărsat cafeaua pe costum, în drum spre școală... tonerul s-a terminat exact când vă chinuiați să scoateți la imprimantă fișele de lucru pentru ziua respectivă... Există un milion de necazuri care vă pot strica ziua, secătuindu-vă de energie și de orice bucurie.

Acum e momentul să vă amintiți de afișul cu Michael Jordan din biroul meu. Fotografia îl arată pe sportiv sărind pentru a înscrie la coș. Iar sub imagine, am adăugat eu următorul text: „Până unde te ridici TU?“ Nu putem întotdeauna să controlăm contextul, însă mereu ne putem controla propria reacție. Așadar, sunteți o victimă a contextului sau alegeți să vă ridicați deasupra acestuia?

Atitudinea voastră nu afectează doar propria sănătate emoțională, ci și pe toți cei care vă înconjoară. Iar asta se observă în timpul mesei de prânz, pe holurile școlii, în biroul vostru și la ședința corpului profesoral – ca să nu mai vorbim de sala de clasă. Poate că cel mai bun lucru pe care profesorii îl pot face pentru colegii lor este să vină în fiecare zi la slujbă cu o atitudine pozitivă.

Este posibil să rămânem optimiști chiar și în fața greutăților. Toți avem zile grele, iar în unele situații universul pare să conspire împotriva noastră. Însă chiar și atunci putem zâmbi, putem rămâne optimiști și putem găsi o cale de a le arăta colegilor că „paharul este pe jumătate plin". Optimismul e contagios. La fel și pesimismul. Care dintre acestea dorim să ne impregneze școala? Energia pozitivă pe care o aduceți la serviciu în fiecare zi va însenina starea de spirit a tuturor celor din jur. Iar angajamentul vostru de a perpetua o abordare pozitivă va genera în școală o energie care îi poate face irelevanți pe cei pesimiști.

În urmă cu câțiva ani, mi s-a întâmplat să trec printr-o perioadă grea. Eram descurajat. Fratele meu, fiind conștient de zbuciumul meu, mi-a trimis prin poștă un bilet scris de mână, care începea astfel: „Dragul meu frate, nu știm niciodată ce va aduce anul. Dar știm ce vom aduce *noi*. Noi vom aduce excelența! Iar anul va trebui să se descurce singur cu asta."

Scrisoarea lui este azi înrămată și expusă în biroul meu. Vă puteți imagina cât de mult mă inspiră. Gândiți-vă cum v-ați putea inspira colegii, dacă insuflați zilnic în școală acest tip de atitudine și energie.

Asumați-vă responsabilitatea în privința rezultatelor

Asumați-vă responsabilitatea pentru performanțele școlare ale elevilor voștri și împărtășiți informațiile cu colegii. Școlile de succes folosesc astfel de date statistice pentru a lua decizii în plan didactic, cu scopul de a eficientiza eforturile școlii. Nu-i întotdeauna confortabil să faceți publice rezultatele evaluărilor, dar aceasta e o caracteristică fundamentală a comunităților care facilitează dezvoltarea profesională sănătoasă.

Când faceți pași care vi se par înfricoșători – de exemplu, vă dezvăluiți rezultatele în fața colegilor –, asta îi încurajează pe ceilalți să vă urmeze exemplul. Sinceritatea voastră transmite mesajul că punctele slabe vor fi abordate fără ocolișuri. Cadrele didactice care sunt oneste unele cu altele cu privire la performanțele elevilor lor au cele mai mari șanse de face o schimbare pozitivă.

Nu așteptați ca directorul sau inspectorul să convoace o ședință de analiză a rezultatelor. Puteți iniția chiar voi discuția – ceea ce, mai mult ca sigur, îi va încuraja pe colegi să-și dezvăluie propriile rezultate.

Asumați-vă riscuri

Să fiți dispuși să vă asumați riscuri înseamnă că s-ar putea întâmpla să eșuați în mod public. Însă cadrele didactice pot atinge foarte ușor un nivel de plafonare, mai ales după ce au ajuns la un statu-quo potrivit cu aspirațiile lor.

Așadar, vă recomand să încercați ceva nou în clasă și să le spuneți colegilor cum decurge experimentul. Dacă o nouă activitate ori metodă nu funcționează așa cum ați sperat, renunțați la ea sau îmbunătățiți-o, dar împărtășiți-vă experiența și mergeți mai departe. Curajul și franchețea voastră îi vor inspira pe alți profesori să scape de monotonie. Inovația înflorește în acele școli în care profesorii au curajul să eșueze.

Fiți binevoitori cu colegii

Ce mai fac copiii lor? Ce hobbyuri au? Care a fost vacanța lor preferată cu familia? Ce planuri au pentru weekend? Ce cărți citesc? De ce au intrat în învățământ?

Profesorii au o viață și în afara școlii, iar aceasta include un grup specific de prieteni. Evident că nu-i necesar și nici posibil ca toți profesori cu care vă întâlniți pe coridor să vă fie prieteni apropiați. Dar când se întâmplă ca niște colegi să *devină* prieteni, munca devine și ea mult mai plăcută. Iar când ajungeți să vă cunoașteți colegii nu doar în calitate de educatori, ci și în calitate de ființe umane, este mult mai probabil ca relația voastră profesională să devină nu doar cordială, ci și apropiată. Pe măsură ce ajungeți să-i cunoașteți mai îndeaproape pe ceilalți profesori din cancelarie, îi veți înțelege mai bine, iar colegialitatea se va consolida. Relația voastră profesională nu se va mai baza doar pe colaborare, ci și pe încurajare reciprocă.

Însă astfel de relații nu apar accidental. Ele se întemeiază atunci când pedagogii aleg în mod conștient să inițieze o legătură personală cu colegii lor. Iar camaraderia care se dezvoltă în rândul profesorilor mărește substanțial atât plăcerea de a veni la serviciu, cât și satisfacția profesională.

Plecați de la premisa de nevinovăție

În cursul unei zile, într-o școală se întâmplă o mulțime de evenimente. Iar profesorii trebuie să aibă sub supraveghere un milion de direcții. Ei sunt încontinuu bombardați cu anunțuri, e-mailuri și întrebări de-ale elevilor.

Și poate că nici noi nu reușim întotdeauna să ne monitorizăm fiecare cuvințel. Nu suntem mereu vigilenți la maniera în care comunicăm și nici la ce mesaj dorim să transmitem. Poate că, în ședința de catedră, un alt profesor a părut nepoliticos cu voi. Sau poate vi se pare că tonul folosit de coleg într-un e-mail este inacceptabil. Mai ales în situațiile tensionate, ar fi util ca profesorii să se dovedească binevoitori unii cu alții – adică să aibă răbdare. De-a lungul unei zile haotice, cu o multitudine de interacțiuni care îl consumă pe fiecare profesor din școală, se pot isca neînțelegeri. Întotdeauna există posibilitatea ca sentimentele cuiva să fie rănite. Asemenea dificultăți pot fi atenuate atunci când profesorii au încredere în colegii lor.

Fiți înțelegători, atunci când un coleg este ocupat. Admiteți că omul respectiv s-ar putea afla în mijlocul unei situații stresante. Țineți minte că și el își iubește elevii, exact ca și voi. Fiți convinși că, la fel ca voi, și el își dorește să exceleze în profesie. În același fel în care directorii de școli îi creditează pe profesorii lor cu cele mai bune intenții, și profesorii ar trebui să aibă aceeași abordare față de colegii lor. Iar când profesorii adoptă această atitudine, ei contribuie la crearea unui mediu profesional mai sănătos pentru toată lumea.

Fiți solidari

Profesorii apreciază când direcțiunea școlii le ia apărarea, precum și atunci când colegii lor îi susțin.

Când un coleg de-al vostru se trezește bolnav într-o dimineață, iar voi îl ajutați să-și revizuiască planul lecției, ba i-l mai și transmiteți profesorului care-l va suplini, deveniți eroul zilei pentru colegul vostru. Când țineți ora unei profesoare, astfel încât ea să poată fi prezentă la spectacolul de final de an dat de copilul său, faceți fericită o altă persoană. Când ajutați un coleg să calmeze situația într-o clasă cu probleme, îi faceți ziua mai ușoară. Când vă susțineți un coleg la o ședință cu părinții în care aceștia își expun nemulțumirile, îi oferiți acestuia un sprijin moral inestimabil.

Uneori, profesia de pedagog este realmente copleșitoare. Însă colegii săritori și loiali pot fi agenți ai schimbării. Fiți acel coechipier pe care v-ați dori să-l aveți alături la nevoie!

Concentrați-vă asupra soluțiilor

Fiecare școală are problemele ei. Și fiecare profesor va avea, zilnic, o mulțime de momente în care se va enerva. Imaginați-vă următoarele două scenarii.

În primul caz, un profesor se duce la director și îi spune: „Nu înțeleg de ce ne mai deranjăm să avem reguli în școală, dacă nimeni nu le respectă! În orice parte m-aș uita, un elev merge pe coridor vorbind la telefon! Conform regulamentului, n-ar fi trebuit nici măcar să-și scoată telefonul din ghiozdan! Dar se pare că nu le pasă..."

În al doilea scenariu, un alt profesor se apropie de director și remarcă: „În ultimul timp, am observat o mulțime de elevi vorbind la telefon pe coridoare. Am putea reexamina această problemă la următorul consiliu profesoral? Poate ar trebui să facem niște modificări în privința modului în care gestionăm acest comportament și să lămurim cum le transmitem elevilor ce așteptări avem de la ei."

Remarcați diferența? În prima discuție, profesorul doar își revarsă nemulțumirea; se plânge într-un mod care generează doar energie negativă. În cel de-al doilea scenariu, profesorul se confruntă cu aceeași situație, însă o tratează într-o manieră constructivă: identifică problema, dar nu stăruie asupra ei, ci încearcă să ofere o strategie pozitivă de urmat. S-ar putea ca primul profesor să rămână cu o dispoziție proastă pentru tot restul zilei. Cel de-al doilea deja nu se mai gândește la problemă.

Este foarte importantă maniera în care cadrele didactice gestionează problemele apărute de-a lungul zilei. În 2007 am participat la o conferință în Chicago, unde l-am auzit pe decanul Pedro Noguera afirmând: „Dacă tu cauți soluția în altă parte, înseamnă că te consideri incapabil s-o rezolvi."

Când profesorii devin conștienți de propria capacitate de a rezolva probleme, când reușesc să pună acele probleme într-un context mai amplu și când își păstrează o atitudine pozitivă de-a lungul zilei de muncă – în ciuda provocărilor –, atunci ei pot ajuta alți profesori din școală să facă la fel.

Faceți uz de spațiul public cu înțelepciune

Fiecare profesor a trecut la un moment dat prin următoarele experiențe: și-a ascultat colegii bârfind în cancelarie ori plângându-se în timpul mesei de prânz sau chiar descărcându-și furia în biroul directorului. Și, cu siguranță, toți am procedat astfel în anumite etape ale carierei. Însă ar fi cazul să renunțăm la asta.

Energia pe care profesorii o aduc în școală este perceptibilă. Vibrațiile pe care le emitem cu toții au un impact evident. Atunci când suntem pesimiști, mai mult ca sigur că și cei din jurul nostru vor deveni pesimiști. Dar, în aceeași măsură, când rămânem optimiști și hotărâți să păstrăm o atitudine pozitivă în preajma colegilor noștri, contribuim la sănătatea emoțională a întregului corp profesoral.

Cu toții avem zile proaste și cu toții avem nevoie să ne descărcăm supărarea din când în când. Însă rețineți că, în incinta școlii, atmosfera va fi mai benefică, dacă veți face efortul de a vă descărca în particular, în fața unui singur coleg.

Iar când sunteți într-un grup, acela este momentul perfect pentru a vă cunoaște mai bine, a face schimb de experiență, a vă inspira unul pe altul. Folosiți spațiile publice din școala voastră pentru a colabora, nu pentru a vă plânge.

Învățați de la alți profesori

În Capitolul 4, am vorbit despre beneficiul profesional care decurge din momentele în care profesorii își observă la lucru colegii. Dar valoarea acestei experiențe depășește simpla învățare.

Demersul vostru poate avea și alte efecte: îi oferă o confirmare profesorului pe care îl observați; consolidează respectul dintre voi; întărește camaraderia dintre colegi; și vă dă încredere că veți reuși în propria clasă. Toate acestea sunt beneficii cu un puternic impact asupra atitudinii voastre la locul de muncă.

Fiți optimiști

Activitatea de predare stă la baza profesiei voastre și, cu siguranță, înseamnă multă trudă. Chiar și atunci când sunteți pasionați de jobul vostru, activitatea de predare poate fi o corvoadă. Însă asta nu înseamnă că, atâta vreme cât vă aflați în clădirea școlii, nu vă puteți distra. În Capitolul 2, am vorbit despre faptul că un profesor relaxat are un impact pozitiv în clasă. Aceeași afirmație este valabilă și pentru modul în care profesorii influențează climatul din întreaga școală.

Deci faceți glume și implicați-vă în farse. Nu vă fie teamă să glumiți cu colegii. Râsul nu vă face doar pe voi fericiți, ci și pe toți cei care vă înconjoară.

Dacă sunteți profesori, înseamnă că aveți în ADN puterea de a aduce schimbarea! Ați fost creați ca să modelați destine. Însă chiar dacă sunteți conștienți de felul în care îi influențați pe copii, să nu pierdeți din vedere cum îi puteți influența și pe adulți. Voi zilnic generați evenimente care își propagă efectele dincolo de ușa clasei și modelează cultura instituțională.

Valorile, atitudinea și comportamentele pe care le manifestați la locul de muncă vă pot inspira colegii, pot consolida valorile școlii și pot intensifica eforturile colective ale celor care lucrează pentru a transforma în realitate viziunea școlii. Profesorii sunt vectori ai schimbării nu doar în clasa lor, ci în întreaga școală.

În decursul carierei mele am avut privilegiul de a lucra cu mulți colegi care își iubeau sincer meseria. Erau preocupați de elevi și țineau cu adevărat la școala noastră și la toți cei care lucrau acolo. Asemenea colegi sunt ca o gură de aer proaspăt. Ei mă făceau să mă simt entuziastă și să doresc să devin cea mai bună versiune a „profesorului" interior – pentru directorul meu și, mai important, pentru elevii mei. O persoană care alimentează permanent energia pozitivă din școală contribuie la formarea unei extraordinare culturi organizaționale. Alegeți să vă apropiați de colegi care văd întotdeauna partea bună a lucrurilor, pentru că ei vă vor face mai fericiți. Optimismul este contagios! Când alți profesori văd cum creați legături cu elevii și vă distrați la locul de muncă, se formează un mediu mai benefic pentru toți. Iar când elevii știu că profesorul ține cu adevărat la ei și le transmite vibrații pozitive, se molipsesc de la el. Fiți împăcați, fiți activi, creați legături cu elevii, lăudați-le bunul-gust, mergeți la meciurile de fotbal ca să-i vedeți cum joacă, învățați dansul lor haios. Nu ezitați să spuneți „îmi pare rău“, atunci când greșiți. Asemenea lucruri mărunte contează foarte mult. Fiți acel profesor în preajma căruia se simt bine colegii și elevii voștri.

Elise Skellie, profesoară

În prima mea zi de carieră didactică, soțul meu (tot profesor) mi-a împărtășit această maximă: „Optimismul este cheia succesului.“ Am zâmbit, însă nu i-am înțeles cu adevărat semnificația până când am ajuns la școală și mi-a fost prezentată programa încărcată, uriașa sală de clasă, intervalul mic pentru masa de prânz, temuta îndatorire de a menține disciplina și programul comitetului școlii, precum și stiva de lucrări pe care trebuia să le examinez – înainte să preiau, peste doar câteva zile, acele chipuri drăgălașe de clasa a II-a. Atunci mi-am dat seama... Maxima spunea multe. Vedeți, nu întotdeauna putem schimba contextul, dar întotdeauna putem schimba modul în care noi înșine reacționăm. De-a lungul anilor, pe măsură ce aprofundam trei minunate sisteme de educație, mi-am dat seama că aveam abilitatea nu doar de a-mi schimba perspectiva, ci și de a-i susține pe alții. Am înțeles că, dacă voiam să văd o cultură școlară pozitivă, trebuia să fiu un coechipier autentic și să contribui la cultivarea unei perspective pozitive în rândul profesorilor și al elevilor. Am privit din această perspectivă pozitivă pentru a-i călăuzi pe elevi să-și atingă obiectivele, iar pe colegii mei profesori, pentru a și le atinge pe ale lor – prin intermediul comunităților profesionale de învățare, al datelor statistice și al ședințelor de lucru. Uneori, era nevoie doar de o ureche gata să asculte, o mână care să bată palma, o încurajare sinceră sau doar un simplu zâmbet. Astfel de mici gesturi generează energia pozitivă necesară pentru a clădi o cultură școlară puternică. În scurt timp, Polly Optimista a devenit noul meu nume. Chiar și acum, în calitate de consilier vocațional pentru clasa a XII-a, mă implic în același joc, doar că jucătorii sunt alții. Sunt aceeași Polly Optimista care continuă să-i susțină pe profesori în atingerea țelurilor. E ușor? Nu! Merită efortul? Da! Oricine poate insufla energie pozitivă în școala sa. Dacă urmăriți să obțineți succesul, schimbați-vă mentalitatea.

Michele L. Bargman, profesoară

Deși aveam doisprezece ani de carieră didactică în spate, am început să discut cu un coleg despre nevoia de a-i vedea pe alți profesori la clasă. Iar după multe dezbateri, ne-am hotărât să punem la punct în școala noastră un sistem de runde didactice conduse de profesori. Voiam să facem asta, chiar dacă noi doi am fi fost singurii participanți la proiect. Însă văzând reacția extrem de favorabilă a corpului profesoral, am implementat rapid sistemul, astfel încât cadrele noastre didactice să se poată perfecționa și să poată evolua împreună. Așadar, organizați în grupuri mici, profesorii asistau la lecțiile altcuiva și, după ce părăseau respectiva sala de clasă, reflectau împreună asupra lecției, dezbătând metodele de implementare în propriile clase. După ce am asistat pentru prima dată la o astfel de lecție deschisă, am devenit dependentă de acest schimb de experiență. Și, în timp ce grupul meu de trei persoane se îndrepta spre lecția de engleză a doamnei Dalton de la clasa a X-a, eu m-am trezit fascinată de „tehnica acvariului", care se desfășura în sala H-256. Acolo pupitrele erau aranjate în două cercuri concentrice, iar elevii, și nu profesorul, conduceau discuția despre o carte citită de toți. Un elev poziționat în cercul exterior de pupitre a întrebat: „Presupunând că fantomele sunt reale, de ce crede guvernanta că au o intenție malefică?" Imediat, elevii din cercul interior au început să expună în detaliu argumentele guvernantei. Ascultam fascinată cum elevii de clasa a X-a dezbăteau aprins subiectul cărții. Apoi, în timp ce ne îndreptam toți trei către următoarea clasă, ne-am întrebat cum să integrăm tehnica acvariului în orele noastre de științe ale naturii, matematică și istorie. Cu fiecare observație și reflecție, abilitățile mele pedagogice s-au îmbunătățit, iar metodele mele de predare s-au înmulțit. Am dobândit noi abordări, tehnici și strategii. Profesorii au responsabilitatea de a-i inspira pe elevi, de a le stimula curiozitatea și de a-i forma. Totodată, noi trebuie să susținem dezvoltarea profesională a colegilor. Din cauza numeroaselor obligații care le sunt atribuite, profesorii au prea puțin timp sau o motivație scăzută de a învăța de la alții. În consecință, riscăm să stagnăm, într-o profesie care este în mod vital dependentă de creativitate și inovație. Proiectele care promovează colaborarea ne extind cunoștințele de specialitate și consolidează comunitățile de învățare continuă, fiindcă urmăresc excelența pentru toți cei implicați. În calitate de profesori, nu trebuie să așteptăm ca administrația școlii să ne definească noi oportunități de colaborare. Putem colabora pur și simplu, creând legături cu profesorii din școala noastră.

Jennifer Brown, profesoară

Concluzii

Să ne amintim pentru un moment de analogia cu medicii, pe care am expus-o în Introducere. Când ne ducem la medic, sperăm că acesta își cunoaște profesia. Sperăm ca el să ne diagnosticheze corect și să ne prescrie tratamentul adecvat. Numai că, în mod firesc, el nu va putea fi un medic competent, dacă nu-și va face timp să ne asculte, ca să înțeleagă cu adevărat prin ce trecem. Iar dacă suntem internați în spital, sperăm că personalul medical își îndrăgește munca și că va manifesta față de noi o grijă autentică.

În același fel, elevii merită profesori competenți. Însă „competent“ este, de fapt, un standard scăzut. Cred că elevii merită acei profesori „pasionați“ despre care vorbesc Zehm și Kotler: „Profesorii pasionați pur și simplu adoră ceea ce fac. Ei caută permanent moduri mai eficiente de a-și lumina elevii, de a stăpâni la perfecție conținutul și metodica profesiei lor.“ Elevii merită dascăli al căror devotament profesional îi îndeamnă să planifice, să organizeze și să prezinte lecții capabile să-i pregătească pe cei mici pentru succes.

Cu toate acestea, elevii își doresc profesori care să discute cu ei și să țină la ei. Își doresc profesori cu drag de meserie, care fac din prezența lor în clasă o experiență plăcută. Elevii își doresc tipul de profesor descris de Christopher Day: „Toți profesorii desăvârșiți sunt pasionați de materia lor, devotați față de elevii lor și convinși că ei, ca oameni, și modul lor de a preda schimbă în bine soarta elevilor."

Dacă ați predat pentru un timp, fără îndoială că ați văzut diferite discipline apărând și dispărând. Ați văzut programa școlară schimbându-se iar și iar. Ați observat tendințele care includ învățarea prin cooperare, instruirea diferențiată și învățarea bazată pe probleme. În plus, inovațiile tehnologice au transformat totul – de la creioane mecanice la proiectoare de diafilme și, în prezent, la table interactive. În mod evident, se schimbă multe în educație.

Dar un singur lucru nu se va schimba vreodată: practicile profesorilor desăvârșiți. Aceștia își gestionează eficient clasa; cultivă un climat sănătos în acel spațiu; sunt preocupați de procesul de instruire; se ocupă încontinuu de propria perfecționare profesională; nu-și uită menirea; își fac timp să-și înțeleagă și să-și cunoască elevii la nivel personal; construiesc relații cu elevii; și cultivă o cultură puternică în cadrul școlii.

Cei doi fii ai mei au avut în liceu aceeași profesoară favorită. (Dar s-a întâmplat ca aceasta să predea și cea mai grea disciplină pe care ei au avut-o în orar!) Era profesoara lor de chimie din programul Advanced Placement și tot timpul vorbeau despre ea. În cele din urmă, l-am întrebat pe fiul meu cel mic ce anume o face pe doamna respectivă să fie un profesor atât de bun. Mă așteptam la un răspuns de genul: „Tati, tu știi cât de inteligentă este? Are doctorat!" sau „Se pricepe foarte bine să explice lecțiile" ori „Se înțelege foarte bine cu toți elevii". Dar n-am auzit nimic de felul acesta. Răspunsul lui m-a luat pe nepregătite: „Tati, profesoara asta își iubește foarte mult meseria." Evident, fiilor mei le era limpede că aceasta reprezenta pentru ea mult mai mult decât o simplă „meserie"; era pasiunea ei.

Așa că, dragi profesori, vă sunt recunoscător că vă iubiți meseria. Și vă mulțumesc că ați transformat-o în pasiunea voastră. Elevii remarcă așa ceva. Inclusiv colegii voștri observă asta. Adeseori părinții observă și ei. Pasiunea voastră de a fi profesori desăvârșiți vă transformă în agenți ai schimbării. Este o muncă remarcabilă. Și e minunat că ați ales-o pentru voi.

Epilog

A patra dimensiune: grija profesorului față de sine

Știu deja ce nevoi are un copil. Le știu pe de rost. Are nevoie să fie acceptat, respectat, îndrăgit și crezut; să fie încurajat, susținut, stimulat și amuzat; să poată explora, experimenta și realiza. Vai! Are nevoie de prea multe! Iar eu nu am nevoie decât de înțelepciunea lui Solomon, de intuiția lui Freud, de cunoașterea lui Einstein și de dăruirea lui Florence Nightingale.

Extras din *Teacher and Child*

În bestsellerul său *Teacher and Child*, apărut în 1972, Haim Ginott citează un profesor care vorbește despre nevoile copiilor. Sunt convins că acest sentiment de frustrare – această povară emoțională – este resimțită de mulți profesori chiar și în prezent, după circa cincizeci de ani.

Însă, în ultima vreme, au fost publicate diferite cărți și articole referitoare la necesitatea îngrijirii de sine a profesorului.

Jenny Grant Rankin, de pildă, în cartea sa *First Aid for Teacher Burnout* furnizează statistici relevante despre realitatea stresantă a profesorilor.

Iar Cabeen, J. Johnson și S. Johnson afirmă următoarele: „Din cauza dificultăților de la locul de muncă, adesea pedagogii ajung acasă epuizați emoțional și fizic, iar apoi se simt vinovați că niciodată nu reușesc să se implice total în viața de familie."

În consecință, așa cum Day remarca, „aproape toți profesorii se vor confrunta cu momentul în care fântâna pasiunii va seca". Mulți dintre noi cunosc povestea de viață a unor profesori care își părăsesc meseria după numai câțiva ani. Și toți am auzit de nenumărate cadre didactice ce raportează un nivel ridicat al stresului profesional.

Nu există nicio modalitate de a ocoli această problemă – activitatea de predare chiar e stresantă. Nu-i o muncă pentru cei slabi de înger. De altfel, educatorii vorbesc frecvent cu elevii despre îngrijorarea lor referitoare la sănătatea mintală a copiilor. Dar trebuie să fim atenți și la sănătatea mintală a profesorilor noștri.

În *Hacking Teacher Burnout*, Amber Harper detaliază opt strategii care le ajută pe cadrele didactice să simtă împlinirea profesională, chiar dacă se confruntă cu stresul inerent acestei profesii.

Cabeen et al. ne oferă, de asemenea, strategii pentru menținerea unui echilibru sănătos între job și familie, fără a renunța la pasiune.

În *The Organized Teacher*, Springer, Alexander și Persiani ne recomandă simplu: „Monitorizează-te permanent și nu-ți suprasolicita puterile. Odihnește-te cât mai mult și lasă-ți la serviciu cât de multe lucrări poți."

Este imperios necesar ca profesorii să învețe să-și poarte de grijă. Ei trebuie să facă o prioritate din propria sănătate mintală. Așadar, petreceți timp cu familia și prietenii. Puneți bazele unei rețele de dezvoltare profesională prin intermediul social media – nu doar pentru formare, ci și pentru susținere și camaraderie. În fine, cred că una dintre cele mai importante strategii este cea din Capitolul 5 al acestei cărți.

Așa cum afirmă Day, profesorii trebuie „să-și revizuiască periodic valorile și credințele fundamentale". Din experiența mea, aceasta e cea mai bună cale de a-ți păstra inspirația: să conștientizezi motivul pentru care ți-ai ales această profesie, fiindcă, până la urmă, doar motivația te va face să rămâi în școală.

Referințe bibliografice

Anderson, L.W. & Krathwohl, D.R., *A Taxonomy for Learning, Teaching, and Assessing: A Revision of Bloom's Taxonomy of Educational Objectives*, Longman, 2001.

Beck, A.E., „On universities" (discursul lui J. Tuzo Wilson, cu prilejul premierii sale) în *Elements: Newsletter of the Canadian Geophysical Union*, 1994, nr. 12, pp. 7–9.

Bloom, B.S., *Taxonomy of Educational Objectives, Handbook 1: Cognitive Domain*, Longman, 1956.

Burgess, D., *Teach Like a Pirate: Increase Student Engagement, Boost Your Creativity, and Transform Your Life as an Educator*, Dave Burgess Consulting, Inc., 2012, p. 4.

Cabeen, J., Johnson, J., & Johnson, S., *Balance Like a Pirate: Going Beyond Work-Life*

Cabeen, J., Johnson, J., & Johnson, S., *Balance to Ignite Passion and Thrive as an Educator*, Dave Burgess Publishing, 2018, p. xv.

Day, C., *A Passion for Teaching*, RoutledgeFalmer, 2004, pp. 12, 159, 177.

Dufour, R., „What is a professional learning community?" în *Educational Leadership*, 61, 8 (mai 2004), pp. 6–11, accesați: http://www.ascd.org/publications/educational-leadership/may04/vol61/num08/What-Is-a-Professional-Learning-Community%C2%A2.aspx

Dufour, R., Dufour, R., Eaker, R., & Many, T., *Learning by Doing: A Handbook for Professional Learning Communities at Work*, Solution Tree Press, 2010, p. 11.

Eiseley, L.C., accesați: http://www.starfishlearning.com/cms2/the-starfish-story/, 1978.

Gay, G., *Culturally Responsive Teaching: Theory, Research, and Practice*, Teachers College Press, 2000.

Ginott, H., *Teacher and Child: A Book for Parents and Teachers*, Macmillan, 1972, pp. 13, 51, 63, 69.

Gorski, P., *Reaching and Teaching Students in Poverty: Strategies for Erasing the Opportunity Gap*, ed. a II-a, Teacher's College Press, 2018, p. 3.

Hattie, J.A.C., *Visible Learning: A Synthesis of 800+ Meta-Analyses on Achievement*, Routledge, 2009.

Hattie, J.A.C., *Visible Learning for Teachers: Maximizing Impact on Learning*, Routledge, 2012, pp. 20, 23, 29.

Knight, J., *Unmistakable Impact: A Partnership Approach for Dramatically Improving Instruction*, Corwin, 2011, p. 37.

Ladson-Billings, G., *The Dreamkeepers: Successful Teachers of African-American Children*, Jossey-Bass, 1994.

Marzano, R., *What Works in Schools: Translating Research into Action*, ASCD, 2003, pp. 71, 94.

Maslow, A.H., „A theory of human motivation" în *Psychological Review*, 50(4), 1943, pp. 370–396.

Mooney, T., „Why We Say «Opportunity Gap» instead of «Achievement Gap»", 2018, accesați: https://www.teachforamerica.org/stories/why-we-say-opportunity-gap-instead-of-achievement-gap

Muñiz, J., *Culturally Responsive Teaching: A Reflection Guide*, New America, 2020a.

Muñiz, J., *Culturally Responsive Teaching: A Reflection Guide*, New America, 2020b, accesați: www.newamerica.org/education-policy/policy-papers/culturally-responsive-teaching-competencies/.

Nesloney, T. & Welcome, A., *Kids Deserve It!: Pushing Boundaries and Challenging Conventional Thinking*, Dave Burgess Publishing, 2016, p. xi.

Pink, D.H., *Drive: The Surprising Truth about What Motivates Us*, Riverhead Books, 2009, p. 131.

Prenski, M., *Digital Natives. Digital Immigrants: A New Way to Look at Ourselves and Our Kids. On the Horizon*, vol. 9, nr. 5, NCB University Press, octombrie 2001, pp. 1–6.

Rankin, J.G., *First Aid for Teacher Burnout*, Routledge, 2017.

Rebora, A., „Making a Difference“ în *Education Week Teacher PD Sourcebook*, 10 septembrie 2008.

Schlechty, P., *Engaging Students: The Next Level of Working on the Work*, Jossey-Bass, 2011, pp. xvii, 25.

Schlechty, P., *Working on the Work: An Action Plan for Teachers, Principals, and Superintendents*, Jossey-Bass, 2002.

Schweig, J., Hamilton, L.S., & Baker, G., „School and Classroom Climate Measures: Considerations for Use by State and Local Education Leaders“ într-un raport de cercetare publicat de Rand Corporation, 2019.

Sheehy, R., *Be the One for Kids*, Dave Burgess Publishing, 2018.

Sinek, S., *Start with Why: How Great Leaders Inspire Everyone to Take Action*, Penguin Books, 2011, p. 42.

Springer, S., Alexander, B., & Persiani, K., *The Organized Teacher: A Hands on Guide to Setting Up and Running a Terrific Classroom*, McGraw Hill, 2012, p. x.

Steele, D., *Steele Thoughts: The Reflection of an Educator*, accesați: http://www.steelethoughts.com.

Steele, D., „The Challenge: Maintaining Staff Morale“, în Zoul, J. & Bell, S. (ed.), *Education Write Now, Volume III: Solutions to Common Challenges in Your School or Classroom,* Routledge, 2019, pp. 155–168.

Steele, D. & Whitaker, T., *Essential Truths for Teachers*, Routledge, 2019, pp. 25, 28.

Stronge, James H. & Xu, Xianxuan, *Instructional Planning for Effective Teaching*, Solution Tree Press, 2016, p. 73.

Tomlinson, C., *How to Differentiate Instruction in Academically Diverse Classrooms*, ed. a III-a, ASCD, 2017.

Tomlinson, C. & McTighe, J., *Integrating Differentiated Instruction + Understanding by Design*, ASCD, 2006, p. 129.

Wang, M., Haertel, G, & Walberg, H., „Synthesis of Research: What Helps Students Learn“ în *Educational Leadership*, 51 (4), decembrie 1993/ianuarie 1994, pp. 74–79.

Webb, N., *Research Monograph no. 6. A Criteria for Alignment of Expectations and Assessments in Mathematics and Science Education*, National Institute for Science Education, University of Wisconsin-Madison, 1997, p. 15.

Whitaker, T., *What Great Principals Do Differently: Twenty Things That Matter Most*, Routledge, 2020a, p. 25.

Whitaker, T., *What Great Teachers Do Differently: Nineteen Things That Matter Most*, Routledge, ed. a III-a, 2020b, p. 48.

Whitaker, T., Zoul, J., & Casas, J., *What Connected Educators Do Differently*, Routledge, 2015.

Wong, H.K. & Wong, R.T., *First Days of School: How to be an Effective Teacher*, Harry K. Wong Publications, Inc., 2005, pp. 3, 84.

Wormeli, R., „Accountability: Teaching Through Assessment and Feedback, Not Grading" în *American Secondary Education*, 34(3), vara 2006, pp. 14–27.

Wormeli, R., „The Seven Habits of Highly Affective Educators" în *Educational Leadership,* octombrie 2015, vol. 73, nr. 2, pp. 10–15.

Zehm, S.J. & Kotler, J.A., *On Being a Teacher: The Human Dimension*, Corwin Press, Inc., 1993, p. 118.

Dragi cititori,

Vă mulțumim că ați citit această carte. Considerați că v-a ajutat în vreun fel? Nu ați aflat tocmai ce doreați? V-ar interesa altceva? Încercăm să vă oferim cărți tot mai bune și mai interesante, să vă punem la dispoziție informațiile de care aveți nevoie. Prin urmare, așteptăm sugestiile și criticile dumneavoastră. Suntem la fel de deschiși și pentru aprecieri.

La bună citire,
Redacția Editurii Paralela 45

cititori@editurаparalela45.ro
f /editurаparalela.patruzecisicinci

www.edituraparalela45.ro

EDITURA PARALELA 45
Bulevardul Republicii, nr. 148, Clădirea C1, etaj 4,
Pitești, jud. Argeș, cod 110177
E-mail: office@edituraparalela45.ro
redactie@edituraparalela45.ro

COMENZI – CARTEA PRIN POȘTĂ
EDITURA PARALELA 45
Bulevardul Republicii, nr. 148, Clădirea C1, etaj 4, Pitești,
jud. Argeș, cod 110177
Tel.: 0248 633 130; 0753 040 444; 0721 247 918
Tel./fax: 0248 214 533; 0248 631 439; 0248 631 492
E-mail: comenzi@edituraparalela45.ro

www.edituraparalela45.ro

Tipărit la R.A. „Monitorul Oficial"